中国通信学会5G+行业应用培训指导用书

U0367807

5G+智慧城市

中国产业发展研究院　**组　编**

主　编　洪卫军

副主编　姜雪松　韩　镝

参　编　刘银龙　王文跃　李婷婷

主　审　刘红杰

机械工业出版社

本书从城市化发展历史出发，挖掘城市智慧的形成和发展与社会形态和科技发展的关系，阐述了智慧城市概念提出和发展的政策背景、社会背景和技术背景，阐明了从3G/4G+城市信息化到5G+智慧城市的深层次发展逻辑，分析了5G通信系统的独特优势和支撑这些优势的核心技术，以及5G技术所带来的云计算、大数据、人工智能、边缘计算等新兴技术对智慧城市建设所起到的重要作用。本书还提供了国内外大量智慧城市建设案例和具体技术方案，对智慧城市发展趋势、面临的问题与挑战进行了思考。

本书可供智慧城市系统规划人员、设计人员和开发人员研究参考。

图书在版编目（CIP）数据

5G+智慧城市／中国产业发展研究院组编；洪卫军
主编. —北京：机械工业出版社，2021.11
（中国通信学会5G+行业应用培训指导用书）
ISBN 978-7-111-69435-9

Ⅰ.①5… Ⅱ.①中… ②洪… Ⅲ.①第五代移动通信
系统-应用-现代化城市-城市建设-研究 Ⅳ.①C912.81

中国版本图书馆CIP数据核字（2021）第214190号

机械工业出版社（北京市百万庄大街22号 邮政编码100037）
策划编辑：陈玉芝 张雁茹 责任编辑：陈玉芝 张雁茹 王 博
责任校对：王 欣 责任印制：单爱军
河北宝昌佳彩印刷有限公司印刷

2022年1月第1版·第1次印刷
184mm×240mm·13印张·199千字
0 001-3 000册
标准书号：ISBN 978-7-111-69435-9
定价：69.00元

电话服务 网络服务
客服电话：010-88361066 机 工 官 网：www.cmpbook.com
　　　　　010-88379833 机 工 官 博：weibo.com/cmp1952
　　　　　010-68326294 金 书 网：www.golden-book.com
封底无防伪标均为盗版 机工教育服务网：www.cmpedu.com

中国通信学会5G＋行业应用培训指导用书
编审委员会

序　一

以 5G 为代表的新一代移动通信技术蓬勃发展，凭借高带宽、高可靠低时延、海量连接等特性，其应用范围远远超出了传统的通信和移动互联网领域，全面向各个行业和领域扩展，正在深刻改变着人们的生产生活方式，成为我国经济高质量发展的重要驱动力量。

5G 赋能产业数字化发展，是 5G 成功商用的关键。2020 年被业界认为是 5G 规模建设元年。尽管有新冠肺炎疫情影响，但是我国 5G 发展依旧表现强劲，5G 推进速度全球领先。5G 正给工业互联、智能制造、远程医疗、智慧交通、智慧城市、智慧政务、智慧物流、智慧医疗、智慧能源、智能电网、智慧矿山、智慧金融、智慧教育、智能机器人、智慧电影、智慧建筑等诸多行业带来融合创新的应用成果，原来受限于网络能力而体验不佳或无法实现的应用，在 5G 时代将加速成熟并大规模普及。

目前，各方正携手共同解决 5G 应用标准、生态、安全等方面的问题，抢抓经济社会数字化、网络化、智能化发展的重大机遇，促进应用创新落地，一同开启新的无限可能。

正是在此背景下，中国通信学会与中国产业发展研究院邀请众多资深学者和业内专家，共同推出"中国通信学会 5G + 行业应用培训指导用书"。本套丛书针对行业用户，深度剖析已落地的、部分已有成熟商业模式的 5G 行业应用案例，透彻解读技术如何落地具体业务场景；针对技术人才，用清晰易懂的语言，深入浅出地解读 5G 与云计算、大数据、人工智能、区块链、边缘计算、数据库等技术的紧密联系。最重要的是，本套丛书从实际场景出发，结合真实有深度的案例，提出了很多具体问题的解决方法，在理论研究和创新应用方面做了深入探讨。

这样角度新颖且成体系的 5G 丛书在国内还不多见。本套丛书的出版，无疑是为探索 5G 创新场景，培育 5G 高端人才，构建 5G 应用生态圈做出的一次积极而有益的尝试。相信本套丛书一定会使广大读者获益匪浅。

中国科学院院士

序 二

在新一轮全球科技革命和产业变革之际，中国发力启动以 5G 为核心的"新基建"以推动经济转型升级。2021 年 3 月公布的《中华人民共和国国民经济和社会发展第十四个五年规划和 2035 年远景目标纲要》（简称《纲要》）中，把创新放在了具体任务的第一位，明确要求，坚持创新在我国现代化建设全局中的核心地位。《纲要》单独将数字经济部分列为一篇，并明确要求推进网络强国建设，加快建设数字经济、数字社会、数字政府，以数字化转型整体驱动生产方式、生活方式和治理方式变革；同时在"十四五"时期经济社会发展主要指标中提出，到 2025 年，数字经济核心产业增加值占 GDP 比重提升至 10%。

5G 作为支撑经济社会数字化、网络化、智能化转型的关键新型基础设施，目前，在"新基建"政策驱动下，全国各省市积极布局，各行业加速跟进，已进入规模化部署与应用创新落地阶段，渗透到政府管理、工业制造、能源、物流、交通运输、居民生活等众多领域，并逐步构建起全方位的信息生态，开启万物互联的数字化新时代，对建设网络强国、打造智慧社会、发展数字经济、实现我国经济高质量发展具有重要战略意义。

中国通信学会作为隶属于工业和信息化部的国家一级学会，是中国通信界学术交流的主渠道、科学普及的主力军，肩负着开展学术交流，推动自主创新，促进产、学、研、用结合，加速科技成果转化的重任。中国产业发展研究院作为专业研究产业发展的高端智库机构，在促进数字化转型、推动经济高质量发展领域具有丰富的实践经验。

此次由中国通信学会和中国产业发展研究院强强联合，组织各行业众多专家编写的"中国通信学会5G＋行业应用培训指导用书"系列丛书，将以国家产业政策和产业发展需求为导向，"深入"5G之道普及原理知识，"浅出"5G案例指导实际工作，使读者通过本套丛书在5G理论和实践两方面都获得教益。

本系列丛书涉及数字化工厂、智能制造、智慧农业、智慧交通、智慧城市、智慧政务、智慧物流、智慧医疗、智慧能源、智能电网、智慧矿山、智慧金融、智慧教育、智能机器人、智慧电影、智慧建筑、5G网络空间安全、人工智能、边缘计算、云计算等5G相关现代信息化技术，直观反映了5G在各地、各行业的实际应用，将推动5G应用引领示范和落地，促进5G产品孵化、创新示范、应用推广，构建5G创新应用繁荣生态。

中国通信学会秘书长

前　言

　　智慧城市是指综合运用各类信息通信技术，推动城市实现高质量可持续发展，并为城市管理部门实现公共服务便捷化、城市管理精细化、生活环境宜居化、基础设施智能化、网络安全长效化等城市治理需求提供最佳解决方案。智慧城市作为一个庞大而复杂的系统，其建设发展离不开信息通信技术的支撑。

　　5G 是最新一代移动通信技术，和 4G 相比，5G 峰值速率约为其 100 倍，频谱效率提升了 3 倍，移动性能支持 500km/h 高速移动场景，空中接口时延降低了 90%，连接密度提高了 10 倍，能效和流量密度均提高了 100 倍，并且通过网络切片技术，能够灵活支撑 eMBB（增强型移动宽带）、mMTC（海量机器类通信）、URLLC（超高可靠低时延通信）等技术要求截然不同的应用场景。作为新一轮数字化转型的重要使能技术，5G 推动了 AICDE（人工智能、物联网、云计算、大数据、边缘计算）技术的发展和产业化落地，并与这些技术紧密结合，奠定了新时期智慧城市建设的重要技术基础。

　　智慧城市是将城市未来整体发展需求与 ICT（信息与通信技术）深度融合的产物。人工智能作为智慧城市的"大脑"，是智慧城市建设发展的智慧源泉；云计算和边缘计算作为智慧城市的"心脏"，为城市各垂直领域的智慧化应用提供统一的数据平台；5G 网络作为智慧城市的"神经"，为智慧城市提供泛在的网络；物联网设备作为智慧城市的"神经末梢"，是智慧城市数据采集的源头，是智慧城市实现全域感知的基础。

　　本书为"中国通信学会 5G＋行业应用培训指导用书"系列丛书之一，从城市化发展历史出发挖掘城市智慧的形成和发展与社会形态和科技发展的关系，阐述了智慧城市概念提出和发展的政策背景、社会背景和技术背景，阐明了从 3G/4G＋城市信息化到 5G＋智慧城市的深层次发展逻辑，分析了 5G 通信系统的独特优势和支撑这些优势的核心技术，以及 5G 技术所带来的 AICDE 等新兴技术对智慧城市建设所起到的重要作用。本书还提供了国内外大量智慧城市建设案例和具体技术方案，对智慧城市发展趋势、面临的问题与挑战进行了思考，可供智慧城市系统规划人员、设计人员和开发人员研究参考。

本书的编者均为通信行业的资深从业人员，他们来自通信技术企业、运营商、高校及国家级研究机构，对 5G 行业的发展有着较为深入的了解与洞察。洪卫军负责全书组织架构的编排，并负责第 1、4、5、6 章的编写，参与第 3 章的编写；姜雪松负责第 3 章的编写；韩镝负责第 2 章的编写；刘银龙参与第 6 章的编写；王文跃、李婷婷参与第 2 章的编写。全书由刘红杰主审，北京邮电大学谈黎明、范文敏、黄婷钰、金亚萍和杨辉等同志参与了素材收集和文字校对工作，在此特别感谢他们的辛勤工作。

在本书的编写过程中，编者参考了大量行业资料和技术文献，咨询了众多行业专家，他们为本书的编写提供了大量数据、观点和有用信息，在此特别表示感谢。由于编者自身水平有限，书中难免存在疏漏之处，敬请读者和专家批评指正。

编　者

目　录

第1章 / 城市也有智慧

1.1 城市的发展

1.1.1 古代城市的发展

新石器时代后期，人类从捕鱼、狩猎过渡到以农耕为主要生产方式，形成固定的聚居点。为了防御野兽的侵袭和其他部落的袭击，往往需要在聚居点外挖沟筑墙，修建栅栏，设置瞭望点进行警戒，"城池"的雏形开始形成。随着工具的发明和生产方式的改进，人类生产力不断得以提高，生产资料开始有了剩余，私有制开始出现，原始社会的生产关系逐渐解体。私有制的出现，为商品交易创造了条件，随着商品交易的公开化和频繁化，开始出现专门从事交易的商人，为方便交易活动，出现了固定的贸易地点"市"。随着生产力水平的提升和劳动分工的加强，商业和手工业逐渐从农业中分离出来，人类聚居点的形态开始发生分化，以商业和手工业者为主形成的聚居点逐渐吸纳更多的资源和人口，而渐渐发育为"城市"。

大约6000年前，人们摒弃了家族和村落聚居的形态，转而同陌生人聚到一起，合力建设了目前已知人类历史上第一座大城市——"众城之母"乌鲁克城（Uruk），开创了人类历史上最早的文明之一——苏美尔文明。对乌鲁克城的考古记录揭示了一段延续了四五个世纪的城市建设与重建时期。在那段岁月里，乌鲁克人修建了至少十几座甚至更多的宏大建筑——神庙、宫殿、礼堂，它们形态各异、规格各不相同。在公元前约 3000 年的巅峰期，乌鲁克曾是 4 万～5 万人的家园。城墙周长将近 11km，环绕了方圆 6km² 的土地。图 1-1 和图 1-2 所示为乌鲁克城墙遗址和房屋遗址。

图 1-1 乌鲁克城墙遗址

图 1-2 乌鲁克城房屋遗址

中国数千年的历史中，留下了众多历史名城，尤其是各朝各代的都城，是当时城市管理水平的杰出代表。在封建帝王统治时期，城市的作用主要体现了"普天之下，莫非王土；率土之滨，莫非王臣"的封建统治思想，百姓、土地和所有财富均为帝王的财产。该阶段的城市除了满足安全和贸易的基本需求外，还承载了统治阶级彰显皇家威仪和社会管理的政治需求。

中国历史上，在原始社会晚期和夏、商和周早期，城市各要素处于无序散乱的分布状态，社会形态还主要以氏族聚居为主，未形成城市形态。到了春秋战国时期，"城市"开始随着"国"的出现而出现，由于各诸侯国之间战争不断，这段时期也形成了中国历史上的一个筑城的高潮。对外深沟高墙，抵御侵略，对内施行里坊制，把全城分割为若干封闭的"里"作为居住区，商业与手工业则限制在一些定时开闭的"市"中，全城施行严格的宵禁管理。图 1-3 所示为唐代东都洛阳城市布局图。

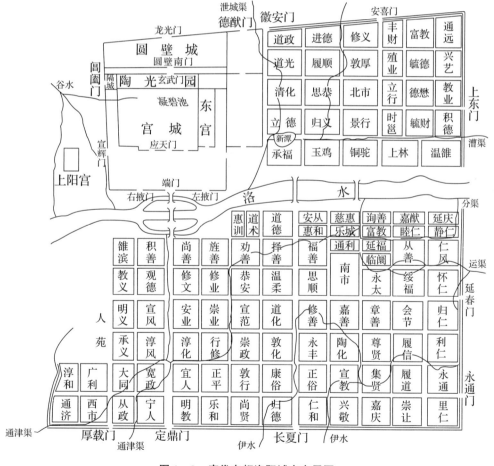

图 1-3　唐代东都洛阳城市布局图

　　宵禁和里坊制直到北宋才被取消，城市格局进入自由发展的新时期，开始由社会发展所推动，根据社会生活实际发展的需要进行扩建，打破了固定贸易市场的桎梏，快速发展成处处繁华、欣欣向荣的城市景象。北宋张择端用一幅《清明上河图》生动描绘了这个时期的城市景象，如图 1-4 所示。

图 1-4　《清明上河图》选段

1.1.2　近代城市的发展

　　在农业社会，人们的生活产出严重依赖农田，城市的发展主要为航运和商贸活动所推动，对人口的聚集效应有限，进入工业社会后，城市开始步入快速发展时期。《现代汉语词典》中对城市的释义为：人口密集、工商业发达、居民以非农业人口为主的地区，通常是周围地区的政治、经济、文化中心。可见，狭义上的"城市"是人类从农业文明发展进入工业文明后的产物。

　　提到第一次工业革命，很多人会自然想到英国人瓦特的蒸汽机，然而第一台实用蒸汽机的发明者并不是瓦特，而是瓦特的同胞——英国工程师托马斯·纽科门（1663—1729）。1712 年，托马斯·纽科门发明了第一台实用型蒸汽机，用来解决煤矿和锡矿快速抽水的动力问题，其结构如图 1-5 所示，它可以把几百英尺（英尺的符号为 ft，$1\text{ft} \approx 0.3\text{m}$）以下的水抽至地面上来。纽科门蒸汽机的缺点是效率低下，需要消耗大量的煤炭才能获得较少的机械能输出。1765—1790 年，瓦特进行了一系列发明，比如分离式冷凝器、气缸外设置绝热层、用油润滑活塞、行星齿轮、平行运动连杆机构、离心式调速器、节气阀和压力计等，改进了纽科门蒸汽机，使其效率得到大大提升。改良后的蒸汽机得到广泛应用，使工业生产摆脱了对人力、畜力、风力和水力等低效的自然能源的依赖，使机械化生产得到快速发展，拉开了人类工业文明发展的大幕。机械生产的发展使工业资源趋向集中分布，并吸纳大量人口，随之也带动了商业和贸易的发展，从而催生了现代意义上的"城市"。

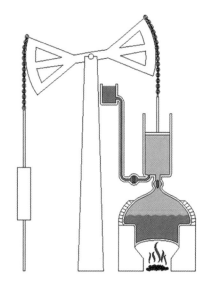

图 1 - 5　纽科门蒸汽机结构

工业化对城市化起着巨大的推动作用，工业革命期间机器生产和工厂制度的兴起，推动了原有城市的扩大和新工业城市的兴起。英国在工业革命过程中，形成了许多新的工业中心，原来人烟稀少的西北地区成为棉纺织业和煤铁工业中心，新的城市如曼彻斯特、伯明翰、利物浦、格拉斯哥和纽卡斯尔等迅速发展起来。美国的发展情况与英国类似，19 世纪初，美国工业革命率先在棉纺织业开始，马萨诸塞、康涅狄格、新罕布什尔、纽约等地都先后建立了一批新型纺纱厂。1815 年，马萨诸塞有 57 家工厂，康涅狄格有 14 家工厂。之后纺织厂数目不断增加，到了 1831 年迅速增加到 801 个，1840 年增加到 1240 个。纺织工业的技术革命推动了其他一系列轻工业部门的变革，从而又推动了重工业技术革命，使工业城市数量不断增加，规模不断扩大。

工业革命带来的机械化解放了大量劳动力，使农村劳动力出现大量剩余，而工厂的快速增加又吸引了大量的农村人口涌向城市，这些农民转变为工人和小手工业者，城市人口与城市数目迅猛增长。1800 年，大约 1/5 的英国人口居住在城镇，城镇规模大约有 1 万人。而接下来的一个世纪，大量的乡镇被城市化，全国有 1/3 的人口在城市工作和生活。美国在 1790 年拥有 8000 人以上的人城市只有

5 个，其人口不到 13 万人。到 1870 年，美国城市数目增至 663 个，城市人口占总人口的比例达到 25%。

城市规模的扩大和人口的增长推动了城市管理系统的建立和发展，其中尤以交通运输系统的发展最为显著。蒸汽机的改进和推广催生了蒸汽轮船、汽车、火车等大型交通工具的发明，极大地提高了运输能力和效率。而交通运输业的迅速发展则又进一步加强了城市与城市、城市与城乡间的经济联系，加速了城市化进程。以美国为例，19 世纪 30 年代以后，美国出现了修筑铁路的高潮。1860 年，美国铁路长度猛增到 30626mile（1mile ≈ 1.6km），长度超过英国跃居世界首位。同时，美国也大修运河。19 世纪 20 ~ 30 年代，伊利运河、费城运河等几十条运河都先后竣工。到 1840 年，美国运河长度达到 3300mile，形成了东西南北畅通的运河网。水路和陆路运输的便利，使货运时间和费用大幅下降，处于交通运输枢纽地位的城市和城镇获得了发展的便利条件，大大加速了其城市化进程。

城市公共交通的发展给生活在城市中的人们带来了便利，提高了其出行效率，提升了其生活质量，也进一步吸引更多人口向城市聚集，使城市人口和规模不断扩大，加速了城市化进程。

因此，近代城市的发展是在人类社会工业化进程的强大推动力作用下自然发展的过程。

1.1.3　现代城市的发展

在近代城市的发展历程中，城市扩张陷入盲目追求经济发展的误区。工业野蛮扩张，忽视环境保护，缺乏科学统筹规划，导致城市产业结构不合理，自然环境遭到严重破坏。城市居住环境恶化，内部贫富差距加大，城市治理问题日趋严重，"大城市病"凸显。

第二次世界大战给欧亚大陆许多城市造成了严重破坏，战后诸多城市面临重建的问题，许多城市在重建的过程中出现了很多创新型的现代城市规划，城市的发展呈现多样化特征。一方面，由于城市中心生存环境恶化，同时也由于汽车、铁路等交通的发达，部分城市出现"逆城市化"现象，一些居民离开城市向郊区迁移，包括住宅区和一些工业企业，使原来的城市中心地区出现衰退现象；另一方面，全球化和国际化趋势使得具备区位优势的城市（例如港口城市）的经济迅猛发展，其大城市化呈现不可阻挡之势，第三产业迅速发展，城市强大的经济实力对周边地区形成辐射，汇聚的物流、人流、财流、信息流都加强了城市与周边区域城镇的联系，大城市的原有中心向外圈层式扩展，周边城镇往往成为承接大城市疏散产业的主要区域，在产业上形成众星捧月式的分工协作的城镇群。

在城市建设方面，卫星城的建设成为缓解大城市问题的有效方式。卫星城是指在大城管辖区范围内或与市中心相距不到 100km 的范围内，在生产、生活等方面与市区有密切联系，人口规模在数万以上的城镇。通常把中心市区称作母城，外围的卫星城称作子城，具有吸收母城的部分人口，接纳母城的扩散企业，分担母城的某些功能等作用。卫星城是位于大城市周围区域的小城市，因这些小城市在地理空间上的分布与太空中的卫星围绕某个中心点的分布相类似，故名卫星城。在中国，卫星城是指在中心城市或城区附近的城市、县和镇。

卫星城同母城间尽管距离远近不同，但在职能上具有明显的从属关系。卫星城按主导职能分为工业、居住、科研与文教三类；按位置分为里圈及外圈（以到母城中心区耗用 5h 作为划分里、外圈的标准）；按发生过程分为自然发生（即处于特大城市影响范围内的村镇自然变质，导致城镇规模变大，与中心城市联系增多）及人为规划发生；按其与母城的关系分为完全从属型、半独立型和独立型。通常，与母城相距较近的卫星城的居住职能强，依附性强；距离较远的，工业职能强，独立性强，人口规模也大，有时甚至可达中等城市规模。按 19 世纪末英国社会活动家霍华德的田园城市思想，卫星城距母城不论远近，均应以绿带包围，与母城在地域上相分隔，但实际上两者间常因发生膨胀而连成一体（称为"集合城市"）。

第二次世界大战后，科技的力量日益凸显，以计算机、原子能、航空航天和遗传工程为代表的第三次工业革命引领人类进入信息时代，不仅极大地推动了人类社会经济、政治、文化领域的变革，而且也影响了人类生活方式和思维方式。随着各行各业的电子化、信息化变革，以及交通、医疗、政务、金融、教育和通信等各子系统的建立和现代化程度的不断提升，城市逐渐从冰冷的呆板的硬件基础设施演变为包含城市生活各个方面的复杂物理信息系统，城市信息化子系统的建设为城市智慧的诞生奠定了基础。

1.1.4　当代城市的发展方向

有学者认为人工智能、清洁能源、无人控制和量子信息等技术的发展已开启了第四次工业革命的时代，而当代城市的发展将是以信息网络为基础，以城市运行基础数据为支撑，以科学的城市规划为依据，以低碳、绿色、和谐发展的"智慧"的城市为方向，解决现代城市发展过程中呈现的各种问题。因此，当代城市的发展将经历数字城市和无线城市，最终走上智慧城市的发展道路。

1. 数字城市

数字城市并没有准确的定义，其来源于"数字地球"的概念，核心思想是利用空间信息构筑虚拟平台，将包括城市自然资源、社会资源、基础设施、人文和经济等的城市信息，以数字形式获取并加载上去，从而为政府和社会各方面提供广泛的服务。数字城市能实现对城市信息的综合分析和有效利用，通过先进的信息化手段支撑城市的规划、建设、运营、管理及应急，能有效提升政府管理和服务水平，提高城市管理效率，节约资源，促进城市可持续发展。

数字城市的建设主要包含三个层面的内容：第一是数据，数据是数字城市建设的核心和基础，是使城市运行状态从黑箱到开箱的钥匙，是城市运行状态可视、可感、可知的基石，数据获取的能力取决于城市各生态子系统的信息化水平；第二是通信基础设施，即要有高速宽带网络支撑的计算机服务系统和网络交换系统，能够支撑海量的城市运行数据的传输、处理、存储和利用；第三是业务，城市数字化的最终目的是推进城市健康有序发展，使产业高效运转，改善民生。只有成千上万的企业及成百万、千万的市民应用"数字城市"，才可以产生巨大的社会经济效益，促进国民经济快速发展。

数字城市是智慧城市的基础和先期阶段，中国科学院、中国工程院两院院士李德仁这样评价数字城市："数字城市为城市规划、智能化交通、网格化管理和服务、基于位置的服务、城市安全应急响应等创造了条件，是信息时代城市和谐发展的重要手段。"

2. 无线城市

无线城市并非当代城市发展的一个独立阶段，其建设是为了实现数字城市，并为最终实现智慧城市的目标服务。有线网络受限于通信电缆连接，且部署困难，实施成本高；而无线通信通过电磁波在空间中进行传播，无须借助任何介质，且不怕阻挡，具备一定的反射和绕射能力，站点部署方便，接入灵活，尤其适合移动性场景。在数字城市的通信基础设施中，无线通信网络作为数据通信网络的末梢，是直接连接信息源，实现任意时间、任意地点、获取任意对象运行数据的重要通道，因此建设无线城市是实现数字城市的重要保障。故而，无线城市可以理解为具备无所不在的无线网络覆盖，可以为整个城市提供随时随地随需的无线网络接入的城市形态。要实现这个目标，无线城市的网络应是多种网络异构互联的网络，包含互联网、移动通信网、物联网、体感网，以及各种局域网络，其次具备多层次、全覆盖、泛在、融合等特性，使得用户可根据应用和场景自由切换，随时接入最佳网络。无线城市可以为市民构建一个能够便捷、安全、迅速接入信息世界的通道，它是所有数字化、智慧化信息应用的基础。

3. 智慧城市

智慧城市是数字城市的升级形态，其以数字城市为基础，基于云计算、雾计算、边缘计算、人工智能等新一代信息与计算技术，优化数据计算和处理，构建城市自主决策优化机制，是人的智能和人工智能协同合作的城市运行管理新阶段。智慧城市代表着城市信息化发展的新阶段，相比于数字城市，智慧城市将更加凸显其对数据的深度挖掘和智能决策能力，主要表现在以下方面：

1）数字城市实现城市物理信息的虚拟化和数字映射，而智慧城市则更注重利用传感技术、智能技术实现对城市运行状态的自动、实时、全面透彻的感知。

2）数字城市注重各行业子系统的信息化建设，注重提高垂直行业系统的运行效率和服务质量，而智慧城市更强调数据共享和协同分析，强调从相对封闭的信息化架构转向开放、整合、协同的大系统城市信息化架构。

3）数字城市主要基于融合网络实现数据的单向汇聚，而智慧城市更强调通过泛在网络、移动技术实现无所不在的互联和机器到机器、人到机器的双向交互与控制。

4）数字城市关注数据资源的生产、积累和应用，而智慧城市更关注用户视角的服务设计和提供。

5）数字城市主要依赖人的智慧，通过信息化手段实现城市运行和发展，提升城市运行效率，而智慧城市则更注重基于数据的科学推演和仿真，搜索优化策略与智能决策，探索城市管理的优化方案，更强调通过政府、市场、社会多方力量的参与和协同，共同实现城市优化运行机制。

1.2 科幻对城市智慧的想象

随着生活水平的提高，人们对城市的要求不再局限于提供基本的安全保障和贸易活动，而是迫切渴望城市能够拥有智慧，能够自主地为生活在其中的人提供更便捷、更贴心、更智能的服务。人们的这种渴望在大量的科幻小说和科幻电影中得到了充分的体现。随着科技的进步，科幻小说中很多对未来智慧生活的想象在当代已经变成现实，还有很多的设想人们也已经看到了其成为现实的可能。

1.2.1 消费

对于未来世界的购物，人们想象将不再需要手机，而是通过脑电波头盔直接接入网络来进行购物，如图 1 - 6 所示。借助于"脑机接口"，人类的消费行为将变得异常简单。人们无须出门到商店进行选购，也无须翻看手机应用软件上的各种商品界面，只要脑袋里想着自己想要买的东西，就能够从网络上获取物品的影像，还能够根据用户私有的身体数据进行智能的商品选择和试穿，从而避免因买错商品或不合适等而退货的麻烦。

图 1-6　电影《X 战警》中通过脑电波头盔接入网络

虽然大脑直接接入网络无论从信息传输、处理速度，还是安全性上似乎都缺乏可行性，但是现阶段国内外对脑电波的采集、识别，以及信号反馈的研究确实已经取得了长足的进步。2015 年葡萄牙某无人机厂商实现了用人脑来控制无人机的飞行；2020 年《自然·神经科学》发表了一篇文章，展示了美国加州大学旧金山分校华裔教授 Edward Chang 及其同事开发的一款脑电波 AI 解码器，它能够将大脑活动信号直接转化为句子文本，目前可以帮助瘫痪的人每分钟输出多达 8 个单词。

如果仅仅是就购物而言，当前的科技水平已经能够让人们获得如处在未来科幻世界中的体验，虚拟试衣镜（见图 1-7）已经在很多大型商场进行展示和使用，该试衣镜通过摄像头获取客户的身材信息，将待试穿的衣服生成在人像模型上，从而让客户体验到逼真的试穿效果。基于增强现实的购物场景，则展示了增强现实技术对购物体验环节的效果加持，用户在使用商品的过程中能够实时获取该物品的各种信息，并轻松完成购物过程，如图 1-8 所示。

图 1-7　虚拟试衣镜

图 1-8　基于增强现实的购物场景

1.2.2 出行

提到出行，基于人工智能的自动驾驶技术正在被深入研究。国际自动机工程师学会（SAE）将自动驾驶汽车分为 5 个等级，即 L1 驾驶辅助，L2 部分自动化，L3 有条件自动化，L4 高度自动化，以及 L5 完全自动化，无须人工介入。目前，吉利、特斯拉、蔚来、小鹏、大众等诸多汽车品牌均生产了具备 L2 级自动驾驶能力的车型。沃尔沃推出的完全自动驾驶未来概念车如图 1-9 所示。

图 1-9　沃尔沃未来概念车

1.2.3 医疗

1. 长生不老的幻想

2014 年大火的电影《星际穿越》中融入了关于虫洞、黑洞、时空穿梭、N 维空间等的空间物理概念，引发了人们对宇宙空间的极度幻想。而在影片中，男女主在漫长的太空旅程途中可以进入休眠水床休眠，并自行设定唤醒时间的休眠技术也引发了人们对"长生不老"的医疗幻想。

技术上的人类低温休眠，是指在极短的时间内，将人体冷冻到 -196℃，让细胞停止活动，无限延长人类的生命周期。目前技术上还无法实现人类低温休眠，主要问题在于当人体温度降到 -5℃时，细胞内的水分就会冻结并形成冰晶。这些冰晶会穿透细胞膜，导致严重的组织损伤。

2. 脑域开发

在电影《超体》中，女主角由于接触某种药物，开启了大脑的隐藏功能，使她拥有了超人类的认知能力，而当她的大脑潜能开发达到 100% 时，也便意味着死亡。《超体》向我们传递了一个观念，即人的大脑只利用了小部分的容量，开发大脑潜能和潜在意识将有可能带来认知能力的大幅度提高。如何开发和利用人类的大脑潜能一直是医学领域的一个重大研究课题。

3. 机体修复

电影《极乐世界》中有权有势的人们在外星球的人造空间站里打造了一个"极乐世界"，而其中的关键道具是一个"万能医疗机"，它可快速治疗人类的所有疾病。"万能医疗机"可以读取人体的 DNA（已经充分掌握 DNA 技术，克隆人易如反掌），然后通过某种辐射与能量，令肌体细胞自我加速分裂，重构还原。

1.2.4　环境

科幻电影和小说中对人类未来生活环境的预期呈现两极分化的情况。消极的观点认为，随着人类生产生活对环境破坏的日益严重，温室效应日益加剧，地球未来有可能因为气候条件被完全破坏，人类将始终生活在冰天雪地中，或者因为冰川融化淹没大陆，而生活在海岛上甚至海洋中，还有电影将场景设定为空气污染的趋势严重恶化，未来人类将在浓重的雾霾环境中艰难求活。

乐观的场景设定则是人类科技的进步极大提高了新能源的生产效率，如太阳能和海洋能，或者发现了新能源，废弃了环境污染严重的碳排放方式，最终使自然环境逐渐改善。

可见，不管是悲观的预期，还是乐观的期望，人类都想要拥有一个美好舒适的生活环境，而这必须依靠升级能源生产方式，构建绿色低碳生活，来实现可持续发展的智慧城市发展策略。

1.2.5　生活服务

电影《银河系漫游指南》中，有一条神奇的小鱼叫"巴别鱼"，它寄生在主人耳朵里，依靠寄主周围人群的脑电波生活，能自动将周围人群的脑电波转换成寄主同类型的脑电波，于是寄主就能听懂任何一种语言了。

在现实生活中，10 年前人们还在为出国旅游却语言不通而烦恼，到如今，人们的耳朵里虽然依然没有"巴别鱼"，但是却有了蓝牙耳机，手中有了安装好翻译软件的智能手机或小巧的翻译笔。这些翻译工具功能强大，往往能够翻译上百种语言，这都是科技进步带来的便利。

1.3 什么是"智慧城市"

1.3.1 谁提出的"智慧城市"

随着科学技术的井喷式发展，人们的生活方式日益丰富，城市作为经济社会发展的重要载体，需要一种新的智慧模式来支撑当今社会的发展。2008 年年底，IBM（国际商业机器公司）提出了"智慧地球"这一概念，紧接着 2009 年 IBM 的首席执行官彭明盛又提出"智慧的城市"愿景，智慧城市的概念第一次被正式提出。我国对"智慧城市"的首次试验在 2012 年进行，首批国家智慧城市试点以北京、上海为首。截至 2019 年，北京市、贵阳市、海口市、湖州市、济南市、丽水市、天津市、深圳市、无锡市和郑州市以优秀的城市建设经验、切实的城市运营数据和高口碑的市民反馈，被评选为"2019 智慧城市十大样板工程"。

1.3.2 何为"智慧城市"

1. 智慧城市的定义

目前，对"智慧城市"的主流定义有以下几种。

IBM 在《智慧的城市在中国》白皮书中把"智慧城市"定义为：能够充分运用信息和通信技术手段感测、分析、整合城市运行核心系统的各项关键信息，从而对包括民生、环保、公共安全、城市服务、工商业活动在内的各种需求做出智能的响应，为人类创造更美好的城市生活。

国际电工委员会（IEC, International Electrotechnical Commission）对智慧城市的定义是：智慧城市是城市发展的新理念，是推动政府职能转变、推进社会管理创新的新方法，目标是使得基础设施更加智能、公共，服务更加便捷，社会管理更加精细，生态环境更加宜居，产业体系更加优化。

什么样的城市可以算得上是"智慧城市"？欧盟委员会给出了衡量标准：智慧城市可以从6个维度来界定，即智慧经济、智慧民生、智慧管理、智慧物流、智慧环境和智慧生活。当一座城市既重视信息通信技术的重要作用又重视知识服务、社会基础的应用和质量，既重视自然资源的智能管理又将参与式管理融入其中，并将以上要素作为共同推动可持续经济发展并追求更高品质的市民生活时，这样的城市可以被定义为"智慧城市"。

2. 智慧城市的内涵

新型智慧城市建设是以"以人为本"理念构建"整体城市"为目标，利用新一代信息通信技术，持续不断地整合各个城市生态系统，以提高城市韧性、竞争力和活力，实现资源环境约束下的高质量可持续创新发展的过程。

智慧城市具有以下内涵：

（1）整体城市　新型智慧城市是一个协同发展的整体，城市中的公共服务系统、自然环境系统、物理空间系统、经济社会系统及城市治理系统利用新一代信息通信技术及其构建的技术系统实现有机的协调与整合。

（2）以人为本　新型智慧城市是一个以人为本的数字化系统，是贯穿公众和企业生命周期的数字化服务；是面向基于位置和场景的数字化服务；基于数据驱动实现城市规划、建设、运营的人性化；实现道路、医疗、教育资源配置的高效精准以及应对灾害的预测救治能力提高城市的韧性。

（3）增长系统　新型智慧城市是一个以数据为生产要素的数字经济增长系统。数字政府的建设将推动城市营商环境优化吸引数字产业；5G与人工智能等新一代信息通信技术与城市系统的融合将持续增加城市数据要素资本总量，为城市数字经济提供高价值生产要素；智慧社区、智慧园区的建设提高城市的舒适性，为吸引优质人才创造良好环境，新型智慧城市的建设成为数字经济的增长系统。

（4）数据智能　新型智慧城市是一个以数据为核心要素的智能系统。数字技术赋能下，来自自然空间、物理空间、经济空间、社会空间多元异构数据融合，为构建动态、实时、柔性的数字孪生城市平台形成统一的数据底座，在人工智能技术、数据挖掘技术的支持下，构建的城市数据大脑为挖掘城市海量数据的隐性知识形成显性的决策信息，从而实现城市治理规则的软件化和人工智能化，城市成为一个数据驱动的分层分级的智能系统。

3. "智慧城市"的构成

从智慧城市的定义和内涵可以发现，其不是特指某一种技术或某一个行业系统，而是各种信息和计算技术的大融合，是各个垂直行业的交叉协作，涵盖人们日常的生产、生活与城市管理的方方面面，它的范围似乎大得没边，那么到底如何对智慧城市的范围和内容进行界定，如何构建智慧城市体系架构呢？

关于这个问题，中国通信学会的《智慧城市白皮书》给出了建议，如图 1-10 所示，智慧城市体系架构的组成为"四层二体系"，四层为感知层、通信层、数据层、应用层，"二体系"为智慧城市标准规范体系和智慧城市安全体系。

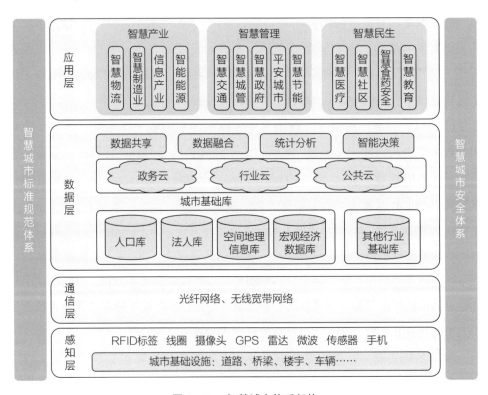

图 1-10　智慧城市体系架构

（1）感知层 感知层是智慧城市实现其"智慧"的基本条件。感知层由一大批具备唯一身份标识和信号传感能力的终端设备构成，这些设备散布在环境中，或部署于楼宇、桥梁、车辆、机器等基础设施中，其核心功能为实现物理世界基础数据的采集和预处理（某些场景不做预处理），为数据层提供数据来源。智慧城市中的感知层又可分为感知对象、感知单元、传感网络、接入网关，如图 1 - 11 所示。

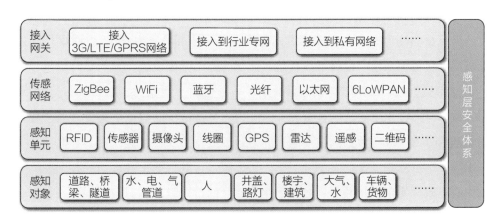

图 1 - 11　智慧城市感知层

1）感知对象。感知对象主要是指物理世界中的"物"，比如需要监测的设施和设备、在智慧交通中的车辆、智慧物流中的物品、在智慧社区中被监控的人，甚至在遥感测绘中的地球表面空间都是感知对象。

2）感知单元。感知单元是指具有数据采集功能的，用于采集物理世界中发生的物理事件和数据的设备和网络。采集的数据可以包括各类物理量、标识、音频、视频数据等。数据采集设备涉及 RFID（射频识别）、传感器、多媒体信息采集、GPS（实时定位）设备和二维码等。

3）传感网络。由传感设备组成的传感网，包括通过近距离无线通信方式组成的无线传感网以及其他传感网。在智慧城市体系中要求每个感知设备都能够寻址，都可以通信，都可以被控制。

4）接入网关。接入网关主要负责将感知层接入到智慧城市的通信层中，可能做的处理包括协议转换、数据转换等工作，这取决于感知层和网络层采用的技术。

（2）通信层　通信层是数据传输的管道，是智慧城市的系统得以实现的重要基础设施。未来智慧城市的通信网络应该是由大容量、高带宽、高可靠的光网络和全面覆盖的具备业务自适应的资源灵活分配能力的无线宽带网络所组成，以适应各种不同的数据传输需求和海量数据的汇聚传输。

智慧城市的通信层是以"宽带、无线、泛在、融合"为特征的智慧一体化网络。实现高起点、高标准面向未来的信息网络，促进电信网、互联网、广播电视网的融合，满足智慧城市发展要求。未来网络的发展不仅要求更高的宽带速度、更便捷的接入方式、更深程度的融合，还要支持人与机器（或物体）间以及机器到机器间通信，最终形成智慧一体化的网络基础设施。

（3）数据层　数据层的核心目的是让城市更加"智慧"。在未来的智慧城市中，数据是非常重要的战略性资源，因此构建智慧城市的数据层是智慧城市建设中非常重要的一环。数据层主要的目的是通过数据关联、数据挖掘、数据活化等技术解决数据割裂、无法共享等问题。数据层包含各行业、各部门、各企业的数据中心以及为实现数据共享、数据活化等建立的市一级的动态数据中心、数据仓库等。

城市本身是典型的数据密集环境，城市的运行涵盖环境检测、城市交通、公共服务、居家生活、经济商务、健康管理和公共安全等诸多方面，海量的数据不断被生产出来。更充分、更智能地发挥数据的作用是智慧城市未来发展的必然趋势。因此，智慧城市的数据层是智慧城市体系架构中的核心。

数据层采用云计算的架构模式，主要分为城市数据中心、城市基础库和城市云服务。

1）城市数据中心。城市数据中心作为未来智慧城市的重要基础设施，主要包括计算机、存储设备、网络设施、数据库和软件等物理资源。数据中心利用虚拟化和云计算技术将大量相同类型的资源构成同构或接近同构的资源池。资源的虚拟化避免了硬件异构的特性，并被动态分配和动态调整。

2）城市基础库。城市基础库是智慧城市中的基础信息资源，是其他应用的基础数据。智慧城市中经过授权的用户可以访问和共享这些数据。

3）城市云服务。主要为智慧城市的各级用户提供包括政务云、行业云和公共云在内的云服务，如图 1-12 所示。城市云服务将以服务的形式为用户提供软件、应用和计算资源等，用户不再关心软件的购买、安装和升级维护，根据租用服务的实际使用情况进行付费。

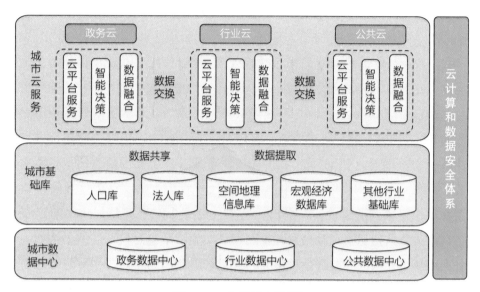

图 1-12　智慧城市数据层

（4）应用层　应用层主要是指在感知层、通信层、数据层基础上建立的各种应用系统。智慧城市应用层如图 1-13 所示，由智慧产业、智慧管理和智慧民生等类型的应用构成，促进实现"产业发展、功能提升、民生幸福"的智慧城市。

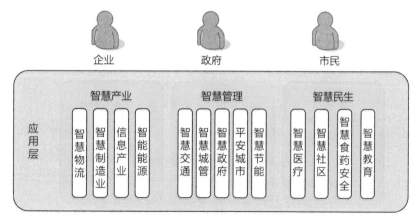

图 1-13　智慧城市应用层

1.4 智慧城市的发展背景

1.4.1 政策背景

我国政府高度重视对智慧城市建设及发展的指导。从 2010 年开始，国家及地方"十二五"发展规划陆续出台，许多城市把建设智慧城市作为未来发展重点；2012 年 12 月，住房和城乡建设部发布《关于开展国家智慧城市试点工作的通知》《国家智慧城市试点暂行管理办法》并建立了国家智慧城市试点指标体系；2013 年 8 月和 11 月，我国先后颁布了《关于促进信息消费扩大内需的若十意见》《关于印发 2014 中国旅游主题年宣传主题及宣传口号的通知》，提出要加快智慧城市建设，并提出在有条件的城市开展智慧城市试点示范建设，在促进公共信息资源共享和开发利用、实施"信息惠民"工程的同时，鼓励各类市场主体共同参与智慧城市建设，以智慧旅游为主题，引导智慧旅游城市、景区等旅游目的地建设；2014 年 3 月，国家制定了《国家新型城镇化规划（2014—2020 年）》，提出要继续推进创新城市、智慧城市、低碳城镇试点；同年 8 月发布的《关于促进智慧城市健康发展的指导意见》中指示了到 2020 年要建成一批特色鲜明的智慧城市，主要目标包括城市管理精细化、生活环境宜居化和基础设施智能化等几个方面。2015 年 10 月，国家发布了《关于开展智慧城市标准体系和评价指标体系建设及应用实施的指导意见》，智慧城市标准化制定工作正式提上国家日程。2016—2019 年国家发布的智慧城市相关代表性政策见表 1-1。

表 1-1　2016—2019 年中国智慧城市相关代表性政策

时间段	政策名称	具体内容
2016. 2—2016. 11	《关于进一步加强城市规划建设管理工作的若干意见》《新型智慧城市评价指标（2016 年）》	意见指出，到 2020 年建成一批特色鲜明的智慧城市

（续）

时间段	政策名称	具体内容
2017.1—2017.5	《"互联网+政务服务"技术体系建设指南》、《政务信息系统整合共享实施方案》	方案提出了优化政务服务供给的信息化解决路径和操作方法，以及要求各地区、各部门整合分散的政务服务系统和资源，于12月底前普遍建成一体化网上政务服务平台
2017.6	《国务院办公厅关于印发政府网站发展指引的通知》	全面推进政务公开和"互联网+政务服务"，规范网站域名，严格开办流程，加强监管考核，推进资源集约，实现政府网站有序健康发展
2018.11	《工业通信业标准化工作服务于"一带一路"建设的实施意见》	在智慧城市领域，逐步完善我国智慧城市相关顶层设计及智慧成熟度分级分类评价标准体系，推动与"一带一路"沿线国家的合作
2019.6	《国家重点研发计划"物联网与智慧城市关键技术及示范"重点专项2019年度项目申报指南》	重点突出智慧城市"感-联-知-用-融"的基础理论与关键技术，推动我国智慧城市建设，形成完整产业生态链

2020年3月中共中央政治局常务委员会召开会议，提出"加快5G网络、数据中心等新兴基础设施建设进度"。2020年国民经济和社会发展计划把"提升城市治理现代化水平，增强城市韧性，推进新型智慧城市建设，打造城市数据大脑"列为"推进以人为核心的新型城镇化建设"的关键内容，新型智慧城市成为治理能力技术创新的系统工程。2020年4月9日，《中共中央、国务院关于构建更加完善的要素市场化配置体制机制的意见》正式发布，首次将数据与土地、劳动力、资本、技术并列为生产要素，多地新型智慧城市顶层设计均把发展以数据为要素的产业经济作为城市经济可持续发展的核心内容。

2020 年 10 月 29 日，中国共产党第十九届中央委员会第五次全体会议通过了《中共中央关于制定国民经济和社会发展第十四个五年规划和二〇三五年远景目标的建议》，确定了我国未来五年和到 2035 年的远景目标。

文件第 14 条提出："统筹推进基础设施建设。构建系统完备、高效实用、智能绿色、安全可靠的现代化基础设施体系。系统布局新型基础设施，加快第五代移动通信、工业互联网、大数据中心等建设。加快建设交通强国，完善综合运输大通道、综合交通枢纽和物流网络，加快城市群和都市圈轨道交通网络化，提高农村和边境地区交通通达深度。推进能源革命，完善能源产供储销体系，加强国内油气勘探开发，加快油气储备设施建设，加快全国干线油气管道建设，建设智慧能源系统，优化电力生产和输送通道布局，提升新能源消纳和存储能力，提升向边远地区输配电能力。加强水利基础设施建设，提升水资源优化配置和水旱灾害防御能力。"

第 15 条提出："加快数字化发展。""加强数字社会、数字政府建设，提升公共服务、社会治理等数字化智能化水平。""扩大基础公共信息数据有序开放，建设国家数据统一共享开放平台。保障国家数据安全，加强个人信息保护。提升全民数字技能，实现信息服务全覆盖。"

第 31 条提出："推进以人为核心的新型城镇化。实施城市更新行动，推进城市生态修复、功能完善工程，统筹城市规划、建设、管理，合理确定城市规模、人口密度、空间结构，促进大中小城市和小城镇协调发展。""提高城市治理水平，加强特大城市治理中的风险防控。""优化行政区划设置，发挥中心城市和城市群带动作用，建设现代化都市圈。"

随着党的十九届五中全会开启全面建设社会主义现代化国家的新征程，新型智慧城市成为落实国家一系列战略的重要载体，城市数据资源治理能力将不断提升，运营服务模式将不断朝数据化、智能化、网络化发展，城市生活服务、城市规划管理、智能交通导航和虚拟城市导游四个信息化建设将不断完善。

1.4.2　社会背景

世界各国都紧跟智慧时代的潮流，加快智慧城市建设，例如日本提出了"超智能社会"计划，新加坡提出"智慧国"计划，美国、欧洲各国也积极推动新兴信息技术在经济社会各领域中的深入应用。

改革开放以后，我国城市的发展速度越来越快，城市化的水平提高十分显著，城市的产业、教育、医疗以及文化娱乐等在智慧城市的建设中取得了质的飞跃。城市信息化进程的加快，促进了社会的生活水平、生产能力的提高。20世纪八九十年代，通信行业如日中天，信息通信的技术融合和产业渗透，整合衍生了全新的业态，使得互联网技术获得了广泛的认可和飞快的发展，城市信息化进程不断加快，直到如今的"智慧城市"，深刻地改变了人们的生活方式，支付方式从用货币支付发展为移动支付，学习从书本拓展到电子媒体等。如今，城市的社会、经济、规划、管理各方面均需大量应用信息技术和手段，信息产业的发展推动了社会转型发展。

智慧城市的建设归根结底就是大力发展与巩固信息技术。随着数字化和信息化进程的不断加快，全球建设智慧城市的热潮空前高涨，加上云计算、物联网等技术的蓬勃发展，智慧城市在近几年取得了突破性进展，其对解决城市发展中存在的问题，促进国民经济发展和经济结构战略性调整，有着举足轻重的作用，并且对提高国民经济与社会生活的效率，实现可持续发展也有着显著作用。

当前，我国智慧城市建设整体上仍处于攻克传统城市治理难题、提升创新和数据要素驱动能力、以场景应用和效果提升为导向的窗口期，但已经取得了不错的成效，其为城市居民提供了更加便捷的生活方式，增加了城市的宜居性，提高居民生活水平，推动了更多高学历人才选择智慧城市安家落户，人才对城市各个产业转型升级提供了技术保障，从而形成了智慧城市和人才精英的相辅相成。同时，我国智慧城市的发展已经扩展到公共安全、国防、环境保护、医疗卫生和教育领域，利用物联网技术和神经网络建立人们日常行为模式、消费习惯、服务需求等方面的模型，为城市居民提供了更具人性化的项目。

1.4.3　技术背景

进入 21 世纪以来，信息化革命从未停止，信息化的发展极大地推动了人类经济、社会、政治、军事等方面的发展进程，特别是 5G、物联网、大数据等方面的技术革新，为智慧城市建设提供了必要的硬件基础。

1. 高速信息网络

（1）5G　2019 年 6 月 6 日，工业和信息化部正式向中国电信、中国移动、中国联通、中国广电发放 5G 商用牌照，中国正式进入 5G 商用元年。5G 网络通信延时较短、速度快的特点，能满足有较高精度要求的远程控制的实际应用，例如车辆自动驾驶、电子医疗等。

（2）泛在融合网络　泛在融合网络是指无处不在的网络，它是自适应信息服务得以体现自适应性的基础环境。智慧城市的泛在融合网络建设需要无线、光网技术配合互联网技术构建其平台，使城市信息在任意时间、任意地点，通过任意的网络和设备获取需要的信息与资源，为城市提供相应的服务。

随着信息化的发展，传统的移动通信网络、互联网、广播电视网的融合趋势也日趋明显。与社会发展息息相关的公共事务、通信、安全、经济等服务的综合性需求越来越高，对信息的全面性、实用性与时效性的要求也同样在增长。借助 4G、5G 技术研发与工程的建设，互联网与移动通信网络实际已经初步融合。同时，广播电视网与互联网的融合也在进行之中，三网融合工程实施进程正在不断加速。

（3）物联网　物联网（The Internet of Things，IoT）是基于互联网、RFID、红外线感应器、全球定位系统、激光扫描器等信息传感系统设备，按照一定的标准和协议，将全球物品与网络互联，实现信息的交互与共享，实现智能化管理的一种网络。

物联网的出现为智慧城市信息系统的感知和控制提供全面支持，并应用于智慧城市的各个领域。例如：构建覆盖全区域的城市公共场所摄像监控系统，强化图像感知网络的建设，实现公共场所全方位、实时的监控；在公共区域安设RFID 读写器，强化公共信息网络的接收功能；根据实际交通流量进行红绿灯时长的远程控制；全面推广全球定位系统，提高城市的空间定位能力。

2. 大数据

大数据本身是一个比较抽象的概念，单从字面来看，它表示数据规模的庞大。大数据（Big Data）以 10TB（1TB = 1024GB）规模以上的数据量同过去的海量数据有所区别。

（1）大数据来源　大数据的来源主要有三方面：第一，系统运营数据。城市各类系统运营过程中产生大量数据，例如银行交易、信用卡消费，这类系统自建立便开始积累其数据，而且这类数据随系统运营而存在；第二，用户生产数据。随着人们生活方式的多样化，有些传统的方式也在慢慢改变。例如，智能终端的普及，外出旅游不再只是拍照片，这些信息增加了空间位置。还有微博、微信的发展，人与人之间在网络上的关系也建立起来；第三，物联感知数据。物联网的建立为大数据的获取提供了平台，通过终端感知获取数据，通过泛在网络传送给物联网应用服务。

同时，大数据时代面临很多挑战，一方面缺乏从广泛数据中提取信息的能力，另一方面数据类型、标准不统一，数据接口不兼容，数据不共享。大数据获取后面临存储成本大、存储难等问题。这些问题需要技术、管理、标准、规范和法律逐步协调解决。

（2）云计算　云计算是一种基于互联网的大众参与的计算模式，其计算资源（包括计算能力、存储能力、交互能力等）是动态、可伸缩、被虚拟化的，而且以服务的方式提供。通过云计算技术对大数据分析，可以预测模型并提供决策支持。

（3）应用展示　大数据往往来源于一个城市的多个物联网，例如交通物联网、通信物联网、医疗物联网和环境物联网等，经过智能分析后需要一个直观的反馈，来展示并辅助管理决策。

智慧城市的管理需要构建城市信息系统，从打破政府部门体系隔阂入手，实现信息共享，加强城市信息系统的建设与开发，加强公共信息资源的开发和利用，加强信息资源的社会开放度，加快服务性的城市信息资源整合，加快共享服务平台建设。

智慧城市的建设使数字城市的空间表现形式由抽象的二维地图发展成与现实世界相仿的三维空间，同时加入了虚拟现实技术，使得人们在大数据的背景下，更加详实地描述现状和分析城市空间。三维数字城市对城市规划、景观设计、地质环境分析和文化遗产保护等方面有很好的帮助。

第 2 章

城市为什么可以智慧？

智慧城市的理念是综合运用各类信息通信技术，推动城市实现高质量可持续发展，并为城市管理部门实现公共服务便捷化、城市管理精细化、生活环境宜居化、基础设施智能化和网络安全长效化等城市治理等需求提供最佳解决方案。可以说，智慧城市作为一个庞大而复杂的系统，其建设发展离不开信息通信技术的支撑。其中，人工智能作为智慧城市的"大脑"，是智慧城市建设发展的智慧源泉；云计算和边缘计算作为智慧城市的"心脏"，为城市各垂直领域的智慧化应用提供统一的数据平台；通信网络作为智慧城市的"神经"，为智慧城市提供泛在网络；物联网设备是智慧城市的"神经末梢"，是智慧城市数据采集的源头，是智慧城市实现全域感知的基础。总体看，智慧城市将城市未来整体发展需求与 ICT 实现深度融合，进而推动我国"新型智慧城市"的建设落地。

2.1 城市的智慧源泉：AI

当前，人类社会已经迎来了第四次工业革命，这次革命以新一代科学技术为标志。其中，人工智能（AI）技术是本次革命的重要驱动力，它带来了超乎人类想象能力的新动能，开始在各行业领域全面渗透，驱动着整个社会智能化水平不断提升，引领着人类智慧社会的到来。在智慧城市领域，人工智能技术已经有了很多典型的创新应用，具有明显的"头雁"效应，其溢出能力和带动性十分明显。例如，在城市安全、教育、医疗、环境、政务和产业等领域，人工智能正在帮助城市提高运行效率和产业发展水平，帮助居民实现更加便捷的生活。因此，在一定程度上可以说人工智能技术已经成为推动智慧城市发展演进的重要驱动力与智慧源泉。

2.1.1 人工智能概述

和其他绝大部分新技术一样，人工智能遵循光环曲线理论，其发展路径如图 2-1 所示。

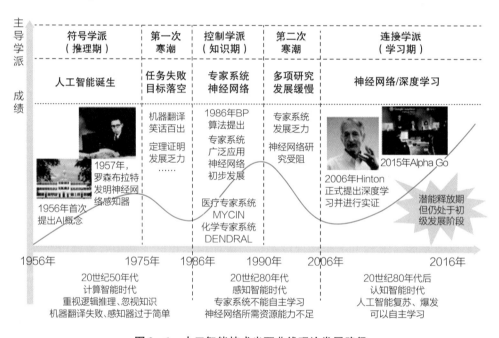

图 2-1　人工智能技术光环曲线理论发展路径

（1）第一阶段　时间约为 20 世纪 50 年代，这一阶段，人工智能领域中符号主义得到了高速发展，但由于这一阶段许多事物没有被全面描述，所以这一时期的人工智能算法模型存在很大的局限性和难以解决的短板。此外，随着技术的快速发展，计算任务也变得越来越复杂，从算法、算力、数据到相关的软硬件都成为阻碍这一时期人工智能发展的壁垒。

（2）第二阶段　时间约为 20 世纪 80 年代，在这一时期，人工智能领域的专家系统呈现快速发展趋势，而且算法模型也有了突破性进展，但由于专家系统在自学习能力、推理方面还存在严重不足，开发成本也十分高昂，因此人工智能的发展再次陷入瓶颈。

（3）第三阶段　出现在 20 世纪 80 年代之后，在这一时期，随着互联网的兴起、大数据的积累、人工智能理论算法的突破以及算力的大幅提升，人工智能在很多应用领域都取得了革命性的进展，进入了发展的繁荣时期。其中，2016 年Alpha Go 战胜人类顶级围棋高手李世石成为时代的标志，人工智能也迎来第三次革命浪潮。

总体来看，人工智能作为新一轮产业变革的核心驱动力和关键要素，即便现在依然处于潜能的释放期，以及应用的导入期，但已开始成为国际社会竞争的焦点，被看作引领未来发展的战略性基础。

作为当前最前沿的交叉学科，学术界和工业界对人工智能有着不同的理解，但通过当前对人工智能不同定义的解释，不难发现无论如何定义人工智能，它的主体都是机器或计算机，客体都可以总结为“人类的智力或者行为等，例如感知能力、思考能力或者是各种有目的的行为行动等”，中间过程是“模拟、延伸、扩展”等行为。它的目标是“使机器（或计算机）能够执行需要人的智力才能够完成的任务”。因此，本书认为“人工智能是用机器模仿和实现人的感知、思考、行动等人类智力与行为能力的科学与技术，目标在于模拟、延伸、扩展人的智慧和能力，使信息系统或机器能够胜任一些以往只有人才能完成的复杂任务”。

在此以当前应用较为成熟的机器人作为人工智能的典型示例说明人类智能与人工智能的对应关系，如图 2-2 所示。我们都知道人类完成复杂任务，一般分为感知、思考和行动三个主要环节，而人工智能的本质是利用机器人对人类这三个环节进行的模拟、延伸与扩展，并可以与人类智能做一一映射。

按照人工智能的应用范围进行分类，则其可以进一步划分为弱人工智能以及强人工智能两大类。其中，弱人工智能也称专用人工智能，强人工智能也称为通用人工智能。

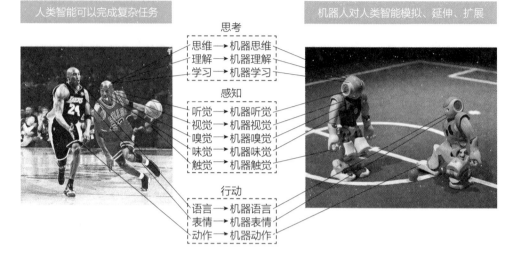

图 2-2　人类智能与人工智能对应关系

　　弱人工智能面向的是特定应用场景，因此它的需求较为明确，应用边界也十分清晰，建模也相对简单，且用于弱人工智能训练的行业数据资源也非常完备。因此，弱人工智能在某一特定领域可以相对容易地形成突破性进展。事实也证明，在特定领域的人工智能测评中，某些弱人工智能算法模型已经达到，甚至超过了人类所能达到的智能水平。例如，在智慧城市的智慧安防领域，人工智能技术在图像识别方面水平已经十分接近人类的高度。又如，在智慧医疗领域，IBM的癌症诊断系统也基本达到癌症专家的判定能力等。可以说迄今为止，人工智能领域所推出的智能产品以及智慧服务等，如 Siri（AI 助理软件）、Alexa（AI 助手）、自动驾驶汽车、Alpha Go、人形机器人 Sophia 等，都是为了某一特定功能而研发的专用人工智能模型。这些模型与人类智能相比，最大的短板在于它们不能够适应复杂的新环境，也不能像人类一样自行衍生出新的功能，因此上面所说的算法模型均属于弱人工智能（专用人工智能）的范畴。

　　强人工智能要求机器或计算机具备人类思维的能力，即具有自我学习、理解、推演等高级解释性能力，本质上它要求机器具备认知智能，以实现更高的智能化水平。举例来说，自动驾驶的人工智能算法模型如果能够应用在医疗等其他领域,那么它就属于强人工智能的范畴。目前的人工智能算法模型远没有达到实现强人工智能的能力,从弱人工智能向强人工智能的演进还有很长一段路要走,还有很多不可预见的难题。

2.1.2 当前智慧城市发展的重点:弱人工智能创新应用

1. 弱人工智能在城市各领域的具体创新应用

我国城市化建设进程与经济发展速度基本同步,随着城镇化率不断提高以及城市人口迅速增长,城市建设规模也在不断发展壮大,城市建设已成为拉动我国经济增长的火车头。但从全国范围来看,几乎所有的城市都面临着不同程度的城市安全、环境污染、能源浪费和交通堵塞等"城市病"。

近年来,得益于移动互联网、社交媒体、移动设备和物联网感知设备等的大量普及,在智慧城市建设中,人类在不断产生数据,因此所存储的数据量开始呈现爆炸性增长,这就为人工智能提供了良好的发展环境以及数据"粮食"。此外,在技术不断取得突破以及城市治理需求的双重因素的带动下,人工智能技术已经开始逐渐走出实验室,向城市各垂直行业领域加速渗透,成为解决城市发展问题的有效手段,并开始显现应用成果,推动城市智能水平的质变。例如:在惠民服务领域,城市的医疗、教育等领域与人工智能融合发展的趋势不断提升,大幅提高了城市公共服务的智能化水平,同时提升了政府服务民生的效率;在城市治理领域,智慧城市需要解决城镇化建设过程中所产生的各类复杂性难题,如目前我国已开始依托人工智能算法模型挖掘城市原始数据的价值,初步具备了城市治理领域所需的自动感知、智能判断以及优化调整决策的能力,有效提升了政府服务公众的水平与效率;在城市环保领域,相关部门已开始利用人工智能技术对各类环保信息数据进行整合、分析,实现了城市环境管理部门对环境污染、动植物保护等及时科学的处理,实现了环境生态管理的精细化、动态化、智能化和高效化;在产业经济领域,2017 年 7 月,国务院印发《新一代人工智能发展规划》,提出到 2025 年,人工智能要成为带动中国产业升级和经济转型的主要动力。随着各垂直行业领域产业数字化转型持续推进，城市的产业数据也开始累积融合，人工智能能力逐步拓展，为城市产业智能化发展提供了持续助力。

由于城市本身是一个涵盖了大量功能、基础设施以及劳动力的时空交叉的综合体，城市各行业领域上下游产业链已发展相对成熟，如果再通过弱人工智能的叠加效应，则可以在更大程度上提升工作效率，使工作流程更加智能，进而减少甚至不再需要人为干预就可以做出行为决策。目前，弱人工智能在智慧城市各领域进行的具体创新应用是发展重点，其在智慧城市典型应用场景如图 2 - 3 所示。

AI+城市安防

得益于人工智能人脸识别和视频非结构化数据处理技术的发展，人工智能技术在平安城市中已得到广泛应用

AI+城市交通

人工智能在优化城市交通网络的应用越来越多，人对车的控制越来越少，有效减少了城市交通拥堵问题

AI+城市能源

分布式能源存储、能源调度中心优化能源供应

AI+医疗

医疗数据库是辅助诊断和提高精准度的基础

AI+城市楼宇

联网和感知是现阶段人工智能在楼宇智能化应用的方向

AI+服务

服务机器人已广泛应用，提高了服务效率与服务质量

AI+政务

政务云系统广泛应用，全面打破信息孤岛

AI+农业

机器视觉与识别技术使观光农业、智慧农业取得重大突破

AI+零售

人工智能获取和分析顾客信息，城市无人销售迎来机遇

AI+教育

人工智能自适应学习，因材施教，使教育资源更加均等

AI+生活娱乐

人工智能增强现实给生活娱乐领域带来多元化体验

AI+个人移动设备

人工智能芯片增强前端设备计算能力，个人移动智能终端的性能大幅提升

图 2 - 3 弱人工智能在智慧城市典型应用场景

2. 弱人工智能推动城市实现整体融合化、智能化发展

随着城市各垂直行业领域人工智能的产业链迅速发展，人工智能具体创新应用不断得到落地与推广，这些应用均属于想象空间有限的市场。另一方面，在技术演进和未来城市发展诉求的双重驱动下，城市发展必将朝着大治理格局以及整体智能方向演进，因为只有城市各行业管理部门之间数据相互打通，才能够从城市整体发展高度出发，进行智能判断及智能决策，也才能够真正地实现全智慧城市。因此，横向构建整体智慧城市智能体系是必然趋势。当前，基于人工智能技术的"城市大脑"（见图 2-4）是我国各城市探索打破城市各领域边界，实现跨界融合的主要途径。

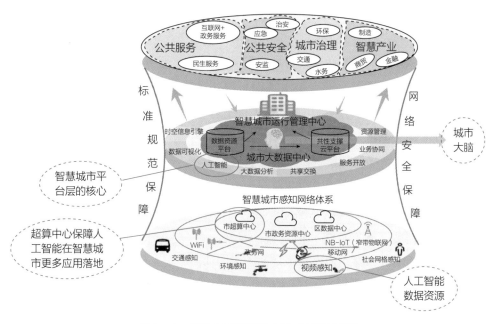

图 2-4　基于人工智能技术的"城市大脑"

根据当前实践，几乎所有智慧城市的建设都以统一标准和接入网络为基础，从硬件层面就开始构筑城市人工智能整体化通道。因此，在网络迭代、数据流通加速的促进因素下，人工智能在城市各领域应用实现相互交叉和相互关联已经成为现实，促进了传统智慧应用生态的优化升级，城市管理更趋精细化、科学化、高效化以及智能化。如通过部署人工智能视觉感知设备，它所采集的城市数据不

仅可以应用于住宅区智慧安防以及城市智慧交通等方面，还能利用图计算技术将数据升维/降维计算，为公安对聚众涉毒、涉黄、嫌疑人追踪、案件线索发现等提供有力的支撑。

值得说明的是"城市大脑"打破边界、跨界融合是一个很长的过程，需要各地在智慧城市建设中结合地区经验，探索人工智能技术如何真正实现各领域融合的具体可实施路径。

3. 强人工智能在智慧城市的应用

强人工智能（Artificial General Intelligence，AGI），也称通用人工智能或完全人工智能，其观点来自卡内基梅隆大学学派，认为人类可以仅依靠人工智能程序的算法和知识等，就可以让机器或计算机等具备类似于人类的意识和能力，进而达到完全代替人类的水平，也就是说人类能够研发出真正具有推理和解决问题能力的人工智能算法模型，且这种智能机器具有人类才拥有的知觉或者自我意识，以及思维能，完全可以不受人类干预而可以正确执行相关的任务，其表现更像"人"一样，从任务执行结果角度看，甚至比"人"更可靠、更优秀。这种观点让人十分期许，也让人十分恐惧。

伴随着人工智能向传统行业赋能渗透，其重塑传统行业格局的效应越来越明显，且城市各垂直行业领域对智能化程度更高的通用人工智能系统的需求也越来越强烈。尽管当前人工智能在感知智能、计算智能等"浅层智能"方面取得了较大的技术突破，成果显著，但在概念抽象、解释、推理决策等"深层智能"方面的进展却十分缓慢，可以预见从弱人工智能向强人工智能的转变并非一朝一夕可以实现。

2.1.3 人工智能的实现基础：机器学习

1. 机器学习的原理

机器学习（Machine Learning，ML）是人工智能的核心技术，它是一种基于数据驱动的预测模型，主要研究如何从经验学习中提升人工智能算法的性能，即利用样本数据（训练数据）通过学习得到一个数学模型，并利用这个数学模型对未知的数据进行预测。在机器学习中，用于训练机器学习算法模型的数据规模、数据类型分析以及数据价值密度等因素，都会影响机器学习最终输出的准确性。机器学习按照算法所需数据的不同，可以主要分为无（非）监督学习、监督学习和强化学习三类，如图 2－5 所示。

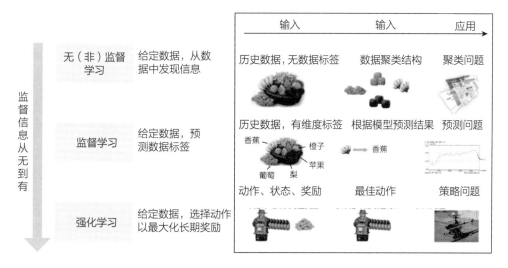

图 2－5　机器学习算法的分类

（1）无（非）监督学习（Unsupervised Learning）　在无（非）监督学习中，要求机器学习的算法模型能够识别所输入的未标注数据，对输入数据进行解释，并应用于下一次的数据输入。也就是说无（非）监督学习的算法要能够从杂乱无序的数据中建立起机器学习的模型，常见的算法有聚类算法、降维算法等。

（2）监督学习（Supervised Learning）　监督学习要求输入数据首先经过标注处理，然后对每个经过标注的输入数据做出输出反馈，因此监督学习是建立在标注数据基础上的机器学习模型。常见的算法有决策树、神经网络算法、支持向量机、朴素贝叶斯和随机森林等。

（3）强化学习（Reinforcement Learning）　强化学习与动态环境相互作用，它将环境反馈作为输入，并通过机器学习进行选择，最终找到实现目标的最佳解决方案。常见的算法有马尔可夫决策过程等。

2. 智慧城市与机器学习协同发展

从上面分析可知，在人工智能机器学习领域无论是无（非）监督学习、监督学习，还是强化学习，其基础取决于数据。当前不断深化发展的城市建设恰好为机器学习提供了丰富数据资源，如美国城市数据网几乎涵盖了美国各城市的一切信息，包括美国各城市的种族分布、收入、教育、犯罪率、天气、住房、地图、空气污染和宗教信仰等信息，这些数据已经成为美国机器学习算法不断演进发展的重要驱动力。

由于我国城市人口基数巨大，因此其产生的数据具有三个典型特征。

（1）数据体量巨大　智慧城市建设所带来的数据量呈指数增长，如物流数据、人口户籍数据、气象数据和城市规划数据等就像血液一样在各行业领域源源不断地产生。以医疗数据为例，据有关部门统计，一个人口约 1000 万的城市，它所积累下来的医疗数据量就高达 50PB（1PB = 1024TB）。

（2）数据种类繁多　我国的城市数据主要来源于政务管理部门、交通部门、医疗行业、城管部门和公安系统等众多涉及民生领域的信息系统，这些部门所采集的数据结构复杂且多样，如结构化数据、非结构化数据以及半结构化数据等，表现形式有文本、图片、视频等。例如，城市交管部门的数据以图片和视频等非结构化数据为主，而气象、医疗等部门数据则大多为结构化、半结构化数据等。

（3）数据价值高　城市数据背后蕴含了极大的社会经济价值，这些数据资源在很大程度上能够提高城市的治理水平，也可以提升政府的服务效率，进而有效推动城市管理各项工作开展，产生巨大的社会与经济价值。

总体来看，智慧城市与机器学习是相互融合、相互促进的有机整体。一方面，城市海量的数据，可以为人工智能机器学习算法模型提供训练、测试、验证的"粮食"资源，推动机器学习算法模型不断更迭升级。反过来，机器学习算法的进步，又可以提高人工智能处理城市海量数据的能力，对智慧城市的发展起到了循环反哺的作用，推动智慧城市由数据驱动向智能驱动的演变，如图 2 - 6 所示。

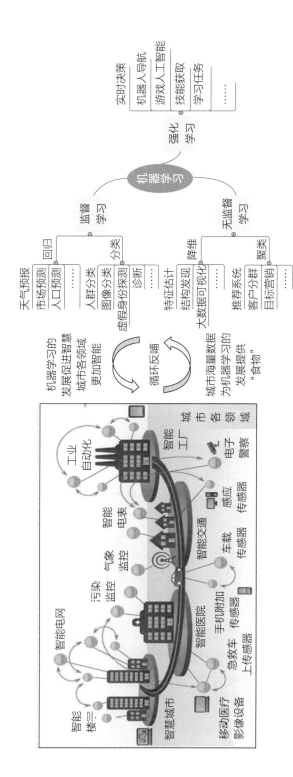

图2-6　智慧城市与机器学习二者协同发展关系

3. 机器学习在智慧城市中的典型应用

机器学习不仅使城市管理更加容易和高效，而且还有助于改善城市居民的生活质量。下面以智慧城市中的智慧交通、智慧照明、公共安全管理和智慧停车为例说明。

（1）智慧交通　智慧交通是智慧城市建设的重要组成部分，是保障公民出行的高效便捷的重要手段。当前，城市智慧交通的解决方案是使用不同类型的物联网感知设备等确定车辆的流量、位置、速度等信息，如通过路面传感器和CCTV（闭路电视）摄像机将实时交通路况发送到中央交通管理平台，通过机器学习进行数据分析，向城市居民更新拥堵等关键信息，从而合理选择出行路线。此外，管理平台利用机器学习分析历史交通数据，可以提前预测高峰的时间信息。除此之外，利用机器学习手段，城市交管部门通过实时响应交通状况，以此作为调节交通信号灯的重要支撑。例如，杭州近年来利用机器学习公共控制系统，对整个城市每秒钟发生的状况进行汇总分析和控制，使杭州的交通拥堵较之前大幅度降低。

（2）智慧照明　在城市路灯杆上部署物联网感知设备，可以实时采集路灯的亮度以及周边人员、车速、公共交通时间表等相关数据，然后与高峰时间、拥堵路段等历史数据同时输入机器学习算法中，可以帮助城市管理部门分析不同场景下所需的路灯照明亮度等，并根据物理环境条件控制路灯变亮与变暗，关闭或打开，从而改善城市整体照明效果。例如，当行人或车辆越过特定位置时，那么这个路口周围的灯光会通过机器学习自动切换到更亮的设置。迈阿密、巴黎、马德里等多个城市已成功利用机器学习算法实施了智能路灯解决方案，其中迈阿密以超过 50 万个互联路灯位居榜首。

（3）公共安全管理　公共安全是现代城市主要关注的问题之一，智慧城市通过遍布整个城市的声传感器和监控设备等采集相关数据，并利用机器学习算法对这些数据进行分析，在预测潜在犯罪现场的同时，也根据需要迅速推理出公共安全解决方案。例如，美国利用机器学习算法已成功部署了枪响监测解决方案。该解决方案是利用城市安装的麦克风等物联网终端设备，将实时采集的声音数据上传至机器学习算法平台，并利用算法模型分析这些声音，以此确定违法犯罪案件发生的位置。

（4）智慧停车　在智慧城市智慧停车应用领域，由于物联网是车辆定位与跟踪管理平台的底层基础，如果将其与机器学习进行有效结合，就可以形成更多溢出的增强型操作，如在不同停车场可以实时查询当前或临近停车场剩余停车位数量等相关信息。

2.2　智慧城市的大脑：云

近年来，与智慧城市"大脑"相关的词汇不断涌现，如城市大脑、城市云脑、城市神经系统，以及垂直行业的大脑，如交通大脑等，这些大脑要发挥作用需要云计算技术的支撑。

2.2.1　云计算概述

1. 云计算的定义

一般认为，云计算是一种新型的、具有共享性质的基础设施，是由大量计算机集群所构成的 IT 基础设施资源池，用户可根据需要获取资源池中的算力资源、存储空间，以及各类云服务，这种资源池通常被称为"云"。"云"通常是指可以实现自我维护与管理的虚拟计算资源，包括服务器集群等硬件资源，如计算服务器、存储服务器、处理器等硬件资源，以及宽带资源、应用软件、集成开发环境等软件资源。

当前被产业界广泛接受的云计算定义，是 ISO/IEC 17788：2014《信息技术 云计算 概述与词汇》中给出的"云计算是一种将可伸缩、弹性的共享物理和虚拟资源池以按需自服务的方式供应和管理的模式。云计算模式由关键特征、云计算角色和活动、云能力类型和云服务类别、云部署模型、云计算共同关注点组成"。值得说明的是，随着5G、物联网等信息通信技术迭代更新以及网络建设规模的快速发展，感知设备设施在城市中被广泛部署，并发连接效应对"大连接、低时延、大带宽"网络资源的需求不断提出更高要求,而这些需求正是集中式云计算所无法满足的短板。随着解决方案不断完善,边缘计算的理念也孕育而生,"云计算"未来必将朝着"云边协同"方向发展,将中心云处理的能力拓展至距离终端更近的边缘侧,通过"云-边-端"进行统一管理运维,并切实将云计算所能提供的服务能力向边缘侧转移,进而提供端到端的云服务。

云计算的基础是网络资源,本质是通过网络进行服务转移,并可以为用户提供自治能力。云计算对资源实施按需分配、按量计费的供给模式,因此用户不再需要自行投资建设基础设施,从而降低资金流转压力,而按需模式又可以提高资源的利用率。在智慧城市建设中,业界普遍认为利用云计算技术可以辅助城市管理者进行城市的整体规划、设计和建设,进而打造"智慧城市",即智慧城市建设与云计算发展相辅相成。一方面,云计算能够辅助智慧城市实现资源共享以及部门间的业务协同,从而提升城市管理和公共服务的能力和效率;另一方面,智慧城市的建设也能够推动云计算技术进一步在智慧城市中的落地和创新应用,形成循环反哺的良性发展。

2. 智慧城市应用云计算的优势与意义

云计算具有弹性计算、按需计费等典型特点,因此城市大数据资源可以通过"云"实现最大程度的统筹与共享。通过云计算技术,将物理上分散的各个计算资源与能力进行整合,为城市大数据的储存与处理提供最优的成本解决方案,支撑智慧城市的高效运转,不仅能够提高城市的治理能力,还可以不断衍生出创新服务模式,实现最高的效益回收比。

(1)智慧城市应用云计算的优势 在智慧城市建设发展中应用云计算,较传统城市具有五个方面的优势。

1)实现底层软硬件的故障集中管理。云计算具备对 ICT 软硬件状态、性能等监控的能力,可以对紧急异常情况发出预警信号。

2)安全控制管理。一般云数据中心具有完备的安全机制,能够辅助保障智慧城市建设中企业及个人用户数据的安全。

3)平台层更统一、更高效。云计算具备支持对异构设施协同工作的能力,如通过 Iaas(基础设施即服务)模式,可以将传统数据中心不同架构、不同型号的服务器进行整合,进而建成统一的城市运行管理平台。

4)业务与资源调度管理更加灵活。云计算拥有大量基础软硬件资源,并可以自动实现资源的按需调度,保障处理智慧城市海量资源负载的均衡性。

5)实现节能降耗。采用节能技术的云计算中心能够将城市资源负载提高到80%,最大限度地实现城市数据中心低碳、节能运营。

(2)智慧城市应用云计算的意义 在智慧城市建设发展中应用云计算,具有四方面现实意义。

1)促进传统产业转型升级。云计算可以为 IT(信息技术)服务节省更多成本,可促进智慧城市现代服务业健康高速发展。

2)云计算中心可以聚合智慧城市的多个管理应用平台,进而形成规模效应,实现处理智慧城市更大规模数据,进而推动社会经济发展。

3)提高物理资源的利用率。一般来说,云计算能够通过负载均衡机制提高传统城市中 ICT 物理资源的利用率,有效降低智慧城市的信息化建设运维成本。

4)一般云计算中心都能够对城市数据进行统一管理。同时,云计算的容灾备份机制能够保证城市数据的安全可控。

3.智慧城市中云计算的分类

云计算按部署模式可以分为公有云、私有云和混合云三类。在智慧城市领域,其部署应用也可以按此分为三类,如图 2-7 所示。

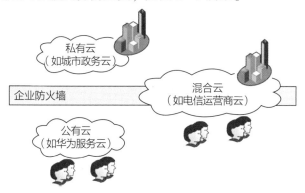

图 2-7 智慧城市中云计算的分类

（1）公有云（Public Cloud） 公有云是指多个用户共用一个云服务提供商的 IT 资源，如互联网开放云。公有云的 IT 资源通常按照事先约定的云交付模型提供服务，每个用户根据实际占用和消费资源的多少支付相关使用费用，云服务提供商负责创建和维护公有云及其所属 IT 资源。在智慧城市领域，公有云服务模式受到中小企业、微型企业以及政府基层单位、个人用户等用户的青睐。目前，市场上可提供智慧城市公有云服务的厂商主要有微软、谷歌、雅虎、亚马逊、华为、阿里、百度和腾讯等信息通信企业。本书以华为的云服务为例，其采用"一云二网三平台"的基础架构为智慧城市提供解决方案。其中，"一云"属于公有云，汇集了多达 20 余类，总计超过 100 种不同应用场景的解决方案，政府有关部门可以按需购买华为云服务。

（2）私有云（Private Cloud） 私有云是由一家机构单独拥有，并把云计算当作一种手段，可以集中访问不同位置的 IT 资源。私有云通常是政府或企业为了能够与政府其他部门或客户交流互动而进行建设的，一般不对外提供服务。在智慧城市领域，私有云一般由国家部委、省市政府、大型企业集团等用户自行建设。在城市治理领域，用户一般使用私有云处理内部的敏感数据。根据中国信息通信研究院发布的《云计算发展白皮书（2019 年)》数据显示，2018 年我国已经实现了 31 个省级行政区政务云的全覆盖，地市级行政区政务云覆盖比例也达到了 75%。而在 2019 年，国家政务服务平台也成功联通了 31 个省（区、市）和 40 余个国务院部门的政务服务平台，接入地方部门 300 余万项政务服务事项，政务流程的优化和部门平台的互联互通使服务效率大大提高。

（3）混合云（Hybrid Cloud） 混合云是公有云和私有云的组合体，其中一部分资源为公用对外提供服务，一部分为私用，禁止其他机构访问。提供混合云服务的一般为 IT 资源丰富的单位，在满足自身发展应用的同时，把剩余资源对外提供服务。在智慧城市领域，我国基础电信运营企业或大型互联网企业等企业开放部分云资源供政府及其他垂直行业领域使用，这类云属于较为典型的混合云范畴。

2.2.2 体系结构

1. 云计算的逻辑架构

一般认为，云计算的逻辑架构起源于 Google 的云计算基础设施模型。Google

云计算基础设施由四个既相互独立又紧密结合的系统组成，主要包括分布式文件系统（Google File System，GFS）、分布式程序 Chubby 锁服务、MapReduce 编程模式和大规模分布式数据库 BigTable，如图 2-8 所示。

图 2-8 Google 云计算基础设施架构

随着云计算技术的不断迭代更新，云计算的内涵也随之丰富，逻辑架构也得到了进一步补充完善，其所能够提供的应用服务也越来越多。有专家学者把云计算的逻辑架构分为基础设施、平台以及应用服务三层，主要目的是与云计算所提供的基础设施即服务、平台即服务 PaaS、软件即服务 SaaS 三种模式形成一一对应关系。

本书根据对当前云计算部署经典案例的分析，同时考虑到专家学者关于云计算的逻辑架构理论研究，将云计算分为资源层、平台层、应用层、用户访问层和管理层五部分，这种分层的主要目的是突出云计算的内涵是通过网络提供云服务，其核心则在于应用。如图 2-9 所示。

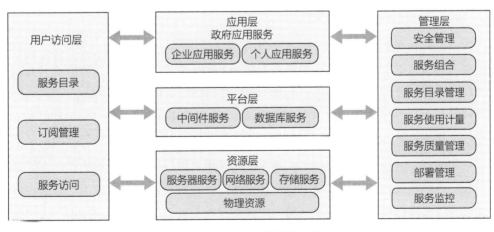

图 2-9 云计算的逻辑架构

（1）资源层 资源层包括虚拟化资源，这种虚拟化可以弱化物理实体之间关联的复杂度。该层主要包括物理资源，以及服务器、网络、存储等服务资源。其中，物理资源是指服务器等物理硬件资源；服务器主要是指 Windows、Linux、Oracle 等操作系统环境；网络服务是指网络处理能力，如防火墙、虚拟局域网、负载等；存储服务是指可为用户提供的各类存储能力。

（2）平台层 平台层主要包括中间件服务、数据库服务等，可为用户提供资源层的封装服务，用户可以在平台层上自行搭建应用程序等。其中，中间件服务为用户提供事务处理中间件服务，以及可提供可扩展的消息中间件；数据库服务提供可扩展的数据库处理能力。

（3）应用层 应用层可为政府、企业以及个人用户等提供相应的软件服务。其中，政府应用主要面向政府管理部门提供城市管理服务等；企业应用主要是企业所需的财务、客户等管理服务；个人应用则主要是面向个人用户提供 Email 等个人日常生活所需的服务。

（4）用户访问层 用户访问层主要为用户便捷使用服务提供支撑，该层的目标是使服务更具人性化。例如，服务目录使用户对云服务的选择更加便捷，订阅管理则方便用户查阅自己正在使用或已经终止的服务。值得说明的是用户访问层需要对资源层、平台层、应用层等提供访问接口，如远程桌面、Web 接口等。

（5）管理层 管理层主要实现对云服务所有层次的管理功能，如实现安全性能管理、服务质量追踪等。

2. 云计算的物理架构

云计算物理架构多采用传统 Web 应用程序架构、集群与数据拆分架构、SOA 松耦合架构、消息中间件架构的混合，如图 2 - 10 所示。最外层是智能域名系统（Domain Name System，DNS）和内容分发网络（Content Delivery Network，CDN），可对访问的内容进行加速处理；中间应用层采用面向服务的 SOA 松耦合架构，可把任务分解成多个小角色，并通过消息队列为各个模块进行通信；数据层采用分开、分布、索引等技术，进而提高了用户增、删、改、查的速度，并通过数据库的镜像和日志传送提供容灾备份功能；底层采用分布式架构，可进行分布式计算和存储，硬件资源进行同一段抽象和池化后提供给应用层使用；云安全为整个云平台在网络层、应用层和主机层提供全方位的信息安全保障。

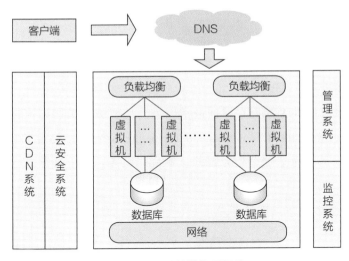

图 2 - 10　云计算物理架构

3. 智慧城市云服务平台与云计算理论架构的对应关系

从技术支撑角度看，智慧城市以云计算数据中心为基础，底层基础设施包括服务器、存储器、计算机和路由器等物理资源，以及服务器资源、计算资源、存储资源和网络资源等虚拟资源，中间层包括 DNS、CDN 系统、云安全系统和管理系统等，可实现微服务和运行管理等，并向上形成城市各类智慧应用服务。智慧城市云服务平台与云计算理论架构的对应关系。如图 2 - 11 所示。

图 2 - 11　智慧城市云服务平台与云计算理论架构的对应关系

2.2.3 云服务

1.云服务理论

关于云服务的理论知识，目前最常用是公认权威的美国国家标准与技术研究院（National Institute of Standards and Technology，NIST）的定义，它从用户体验角度将云服务分为基础设施即服务、平台即服务、软件即服务三大类，如图2-12所示。

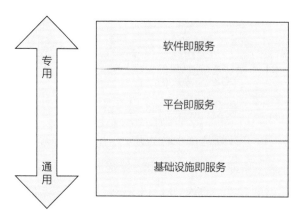

图 2 - 12　云计算按服务类型分类

其中，基础设施即服务（Infrastructure as a Service，IaaS）是将虚拟机等资源作为服务形式提供给用户使用；平台即服务（Platform as a Service，PaaS）是开发平台作为服务提供给用户；软件即服务（Software as a Service，SaaS）是将应用作为服务提供给用户。

（1）IaaS　IaaS面向的用户主要为各行业领域信息管理系统的管理员，他们一般都具有专业理论知识和动手能力，可以直接利用IaaS资源部署相关业务，也可以通过IaaS按需开发应用程序。云计算服务提供商提供给用户的服务是计算和存储基础设施，包括CPU、内存、存储以及网络等资源，系统管理员等用户可以部署和运行操作系统和应用程序等。在IaaS中，用户不能管理和控制云计算基础设施，但是可以获得路由器、防火墙、负载均衡器等网络组件的优先控制权。

IaaS 的本质是将硬件设备等基础资源封装成服务提供给用户,如 AWS(亚马逊云科技)的弹性计算云 EC2 和简单存储服务 S3,在 Amazon IaaS 环境中,用户相当于使用裸机来运行 Windows 或 Linux,但前提是用户必须考虑如何才能让多台机器协同工作,在这个过程中 AWS 提供了在节点之间互通消息的 SQS(接口简单队列服务)。IaaS 云计算服务模式最大的优势是允许用户动态申请或释放基础设施资源,且可以按使用量进行计费。由于运行 IaaS 的服务器规模可以多达数百万台,因此一般认为在 IaaS 模式中用户潜在使用资源取之不尽用之不竭。另一方面,由于 IaaS 可由公众共享,因而普遍认为 IaaS 具有更高的资源使用效率。

(2)PaaS PaaS 的主要用户是程序开发工程师,它可以将二次开发平台作为一种服务模式,提供给用户使用,而用户层面就不再需要对底层的云基础设施进行管理与控制,但是可以方便地使用研发所需的必要服务。PaaS 本质是对资源的抽象,它可以为应用程序等提供运行环境,如 Google App Engine、Microsoft Windows Azure 等。由于 PaaS 自身具有动态扩展特征,并可以对资源进行容错调整,因此在用户使用时不需要过分考虑节点之间复杂的配合性。但是,也应该认识到,PaaS 也存在一定的局限性,即用户必须使用特定的编程环境,其必须遵照特定的编程模型,因此用户的自主权就显得比较低。PaaS 可以形象地表述为在高性能集群计算机里进行 MPI(跨语言通信协议)编程,因此只适用于解决某些特定领域的计算难题。例如,Google App Engine 只允许用户使用 Python 和 Java 语言,且遵照 Django Web 应用框架并调用 Google App Engine SDK 等,才能够开发在线应用服务。

(3)SaaS SaaS 的主要用户是公众,服务一般为应用程序。在 SaaS 中,用户不需要开发软件和管理底层资源,只需要通过终端设备接入使用即可,简单方便,如目前我们所熟悉的 Microsoft Office 365、滴滴打车、共享单车等应用程序均属于 SaaS。在此以 Microsoft Office 365 为例进行说明,其将 Word、Excel、PowerPoint、Project、PowerBI 和 OneNote 等集成为企业所需的办公平台,不仅可以在线使用,还可以下载到本地以客户端的形式使用。SaaS 与 PaaS、IaaS 相比,它既不像 PaaS 服务可以提供计算或存储等资源,也不像 IaaS 可以提供应用程序运行环境,它只提供对特定服务应用程序进行调用,也就是它把某些特定应用软件功能进行封装，并将其作为一种服务提供给客户，因此针对性更强，如Salesforce Online CRM 服务等。

（4）三种服务模式的比较　SaaS、PaaS、IaaS 分别代表了云计算服务的三层架构，虽然从用户体验角度来看，三者面向的服务对象有所不同，但无论是业务模式还是技术基础，都相互渗透、相互依赖。例如，无论是 SaaS 还是 PaaS，它们最后都需要运行在 IaaS 提供的物理基础设施上。如图 2－13 所示。

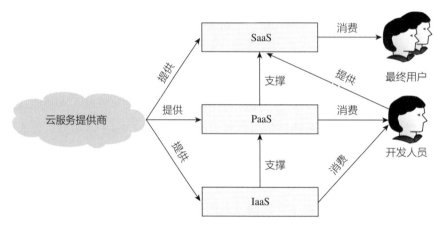

图 2－13　IaaS、PaaS 和 SaaS 之间的关系

随着云计算技术的发展，其概念和内涵也在不断延伸和深化，不同云计算服务模式之间相互渗透、相互融合的趋势开始变得越来越明显，也就是说同一产品或服务往往横跨两种或两种以上云计算服务模式。例如，AWS 所提供的服务前期以 IaaS 为基础，但在后续所提供的弹性 MapReduce 服务则又参考了 Google MapReduce 架构，简单数据库服务则属于 PaaS 的范畴，而 FPS（快速信息包转换）等服务又属于典型的 SaaS 范畴。

2. 智慧城市中的云服务

从云服务角度看，智慧城市以云数据中心为基础，通过数据资源、物理基础设施、应用软件等开发建设，进而打造交通云、市政云、教育云和医疗云等多个独立应用的云服务平台，为交通、政务、教育和医疗等各垂直行业领域的智慧应用提供专题服务，进而为政府、企业和公众等用户提供智慧应用服务体系。智慧城市中的云服务模型如图 2－14 所示。

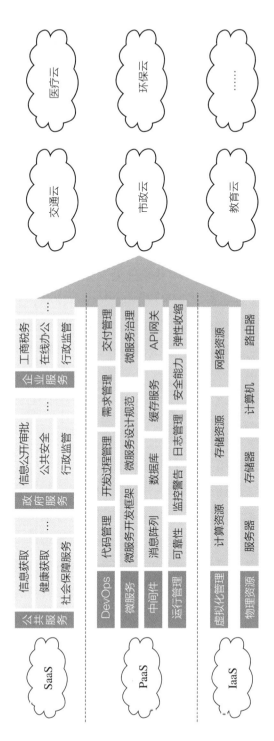

图2-14 智慧城市中的云服务模型

2.3 智慧城市的快速反应：边缘计算

边缘计算能够为智慧城市传统无线接入提供边缘算力资源，这就使得城市无线接入网络具备了近距离部署的条件，也使得城市治理业务可以在本地进行处理，进而可有效避免城市海量数据资源传送到核心网所带来的网络带宽浪费和时延，从而提升用户体验。可以说边缘计算能够为智慧城市感知设备设施的数据采集、智能联通、数据处理、数量分析以及各类智慧应用等，提供强大的支撑，进而满足城市发展所需的低时延、高带宽、强算力等网络资源需求，如边缘计算可以满足"车联网"的本地化快速处理分析诉求，可用于"梯联网"的电梯状态感知等。根据 IDC（互联网数据中心）预测，到 2023 年，超过50% 的企业会将新建基础设施部署在网络的边缘侧，而不是公司内部的数据中心。同时，IDC 还认为，到 2024 年云端的边缘应用程序数量将会增长近 800%。

2.3.1 边缘计算理论模型

作为一种新型技术与应用，业界对边缘计算的理解与认知还存在或多或少的差异，现在通常所说的边缘计算事实上一般都是针对某一特定领域的应用，如雾计算、移动边缘计算、边缘计算等，但这些边缘计算在本质上描述的是同一类边缘计算模型，其本质内容业界已达成共识，即在靠近数据源的网络边缘处就近为用户提供各类边缘云服务。因此，本书认为边缘计算是一种能够在靠近数据源的网络边缘侧执行数据处理或计算的新型服务模型，它以云计算为核心，以现代通信网络为途径，以海量智能终端为前沿，允许在网络边缘存储和处理数据，以及进行云计算协作，并可在数据源端提供智能服务。

网络边缘侧可以理解为从数据源到云计算中心之间的物理实体，而这些物理实体通常是融合网络，或者是具备计算、存储、应用核心能力的边缘计算平台。边缘计算基本架构如图 2－15 所示。

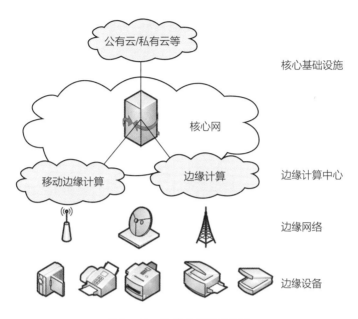

图 2 - 15　边缘计算基本架构

从历史发展进程看，边缘计算伴随着数据计算模型的发展而出现。早期，学术界在研究解决数据传输、数据处理分析、数据存储等过程中所需的算力和带宽资源需求时，开始考虑是否可以在终端采集设备处增加数据处理能力，完成一些简单的数据预处理操作，即学术界在研究数据计算模型的同时，也进行着如何将中心计算处理的任务转移到网络边缘侧的理论研究。在这个过程中，学术界创建了分布式数据库模型、P2P（Peer to Peer）模型、CDN 模型、移动边缘计算模型、雾计算模型和海云计算模型等 6 种经典边缘计算理论模型。

1. 分布式数据库模型

分布式数据库模型一般由一些规模较小，且单独部署在不同位置的计算机组成，每台计算机可以存储数据库系统完整的数据，也可以存储部分数据，当然这些数据都是备份数据，同样单机模式还能够具有自己的局部数据库。这样就可以通过网络将部署在不同位置的多个小型计算机连接起来，组成一个逻辑集中、物理分散的数据库系统，在这个数据库系统中，一般都具有较为完备的数据资源。在分布式数据库模型中，每个网络节点一般都具有独立处理数据的能力，它既可以执行局部数据处理（也称之为执行场地自治），也可以通过网络的互联功能，执行全局整体的业务处理。

分布式数据库模型相对于集中式数据库计算机系统，具有以下典型的特点：数据具有独立性和共享性；增加数据冗余度保证安全性；全局数据具有一致性；数据具备可串行和可恢复等性质。

2. P2P 模型

对等网络（P2P）也称对等连接或对等工作组，在该模型中，每个节点都能够发起通信对话且所有节点具有相同的能力和功能，即在对等网络中各参与节点没有主从之分，也没有专用服务器和专用工作站，任何节点都可以作为服务器和工作站使用。对等网络拓扑如图 2－16 所示，各节点之间可以直接通信，通过级联效应能够实现多个网络节点之间的资源互通与共享。由于对等网络拓扑可以在互联网架构的基础上通过软件定义实现，因此其在互联网领域得到了广泛的推广。

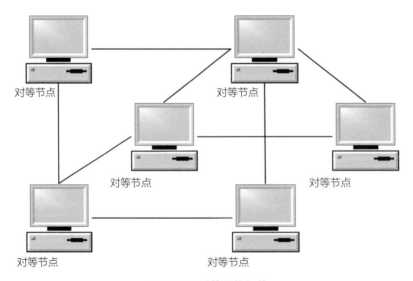

图 2－16　对等网络拓扑

3. CDN 模型

CDN 模型可以简单表述为在已有的互联网的架构基础上，添加一层新的网络层次，从而使资源更靠近用户，因此也被称为网络边缘，拓扑如图 2－17 所示。

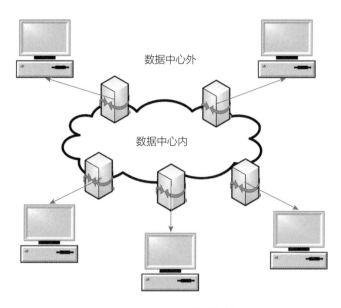

图 2 - 17　CDN 模型拓扑

在 CDN 模型工作过程中，相关任务被分发至边缘节点，这样用户可凭借距离优势，不需要经过网络传输就可以得到所需的信息，在提高客户响应速度的同时，也避免了由于传输所引发的网络拥塞。可以看出，CDN 模型在一定程度上解决了网络资源需求量大、用户访问并发、资源分布不平衡等因素造成的网络卡顿等难题。

4. 移动边缘计算模型

移动边缘计算（Mobile Edge Computing，MEC）模型通过将传统移动电信网络与移动互联网进行融合协同，降低端到端时延短板，进而提升用户体验，实现了对无线网络潜在能力的深度发掘。总体上看，移动边缘计算模型将任务从云计算中心转移到网络边缘进行处理，一方面可缓解传输网络中的拥塞现象，另一方面就近原则也提高了用户的响应速度。

值得说明的是，由于移动边缘计算模型的终端设备一般不具备计算处理的功能，因此就需要在终端设备与云计算中心之间部署若干边缘服务器，使计算任务可以在边缘服务器上完成。实际上，由于移动边缘计算模型在本质上属于边缘计算模型的一类，两者无论是服务器架构，还是在服务器层次方面，都十分接近。

5. 雾计算模型

当前，业界普遍认为雾计算模型是"为了扩展基于云的网络结构，雾计算在云和移动设备之间引入中间层，而中间层则是由部署在网络边缘的雾服务器组成的雾层"。

在雾计算模型中，雾计算服务器可以使主干链路的网络带宽负荷以及系统能耗等指标大幅度降低。此外，由于雾计算服务器与云计算中心之间可进行互联互通操作，因此云计算中心的算力、数据等资源、应用等，都可以被雾计算服务器所调用。

6. 海云计算模型

为应对 ZB（$1ZB = 2^{70}B$）级数据的分析与处理，2012 年中国科学院启动了 10 年战略优先研究倡议，即为人所熟知的下一代信息与通信技术倡议（Next Generation Information and Communication Technology Initiative，NICT）。该倡议提出开展"海云计算系统项目"研究，主要研究海云计算系统的结构层、数据中心级服务器、存储系统层、处理器芯片等解决方案，其核心是通过"云计算"与"海计算"之间的协同和集成，增强传统云计算的能力，进而提高 ZB 级数据处理的能效，初步目标是能效比现有技术提高 1000 倍。根据中科院相关解释，"海云计算系统项目"中的"海"是指由人类自身、物理世界相关的设备设施，以及各个子系统的客户端。

2.3.2　基本结构和特点

边缘计算的本质是在靠近数据源或者用户的位置处，提供相关的算力等物理设施，其可以为各类边缘应用等提供所需的云服务，以及相关的 IT 环境。相比于集中部署的云计算服务，边缘计算解决了集中部署的时延过长、汇聚流量过大等难点问题，更好地支撑了实时性和带宽密集型的业务需求。边缘计算具有明显的四个特点，不同的特征对应不同的智慧城市应用场景。

1）低时延：应用在智慧城市中的 AR/VR、自动驾驶、云游戏等方向。

2）省传输：应用在智慧城市中的视频监控分析、mCDN（多媒体内容发现与分发网络）等方向。

3）高隔离：应用在智慧城市中的医院、工厂、校园本地网等方向。

4）强感知：应用在智慧城市中的智慧网络（覆盖优化、智能管理）等方向。

以智慧城市边缘计算典型应用场景——智慧安防（视频监控分析）为例进一步说明边缘计算的结构与特征。视频监控是安防行业的核心，也是智慧城市建设的重要内容之一。传统的城市视频监控手段相对单一，且它只负责前端数据采集，也就是利用部署在城市各个角落的摄像头等拍摄现场一定范围内的实时画面，并将视频数据传输到后台管理中心，再由后台人工进行查看，随着城市管理的不断发展，这种模式已经难以满足智慧城市对精准识别、智能分析、主动响应等的需求，这时基于边缘计算的智慧安防解决方案顺势而生。它的典型架构如图 2 -18 所示。

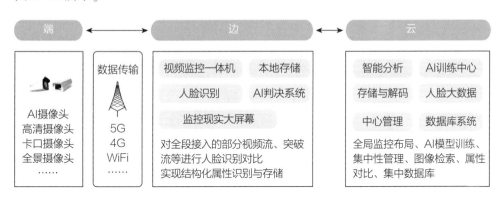

图 2 - 18　智慧安防边缘计算典型架构

在智慧安防场景，随着人工智能、大数据、云计算等技术与视频监控等技术的不断融合发展，一方面，智慧城市中海量非结构、半结构化的数据得到了结构化的数据处理，呈现在用户面前的不再是传统意义上的实时的、海量的视频监控信息，而是经过人工智能、大数据初步处理分析以后的数据。另一方面，随着边缘计算的逐渐成熟，智慧城市的视频监控数据被分发到边缘计算节点，也有效降低了网络的传输压力，以及端到端的时延。例如，在住宅楼入户门部署的云视频监控系统，不仅可以实时监控家里的环境信息，也可以自动追踪监控范围内移动物体的运动轨迹，并且在发现异常动态时，第一时间向业主的手机推送相关的报警信息，以及提供相关视频监控数据。此外，云视频监控系统也可以 7×24h 不间断采集周边数据，并将所采集的视频进行存储，业主可根据需要调取存储数据中的重要信息。

总之，与传统视频监控系统相比，边缘计算叠加视频监控技术可以对视频数据进行清洗等预处理操作，进而剔除价值不大的冗余信息，并按需将有用的视频分析结果迁移到边缘处，进而降低中心云对计算能力、存储量以及系统带宽等资源需求，实现任务处理的快速响应。

2.3.3 边缘计算和云计算

边缘计算与云计算各有各的特色，且各有应用场景。一般来说，云计算比较适合全局整体性、非实时要求、长周期性等应用场景下的数据处理以及数据分析，中心云计算在全局整体业务支撑决策中具有明显的优势。而边缘计算更适合在局部范围、时效要求高、周期较短等应用场景下的数据处理与分析，相对于云计算，它可以更好地支撑本地业务的实时智能化决策与执行。由两者的适用范围分析可以看出，边缘计算与云计算之间不存在一方完全压倒另一方的情况，而是可以进行互补协同。一方面，由于边缘计算更靠近执行单元，它可以被看作云计算海量数据的采集单元，其采集的数据可以更好支撑中心云端的应用；另一方面，云计算本身可以通过大数据处理与分析等手段，实现业务规则或模型的优化输出，并将优化后的结果分发至边缘侧，边缘计算则可以基于新的业务规则或模型进一步实现深度优化。基于上述原因，如果将云计算与边缘计算进行协同工作，可以同时放大两者自身的应用价值，形成溢出效应，进而实现满足更多业务需求的应用场景。

举例而言，在智慧城市的应用场景中，由于云计算在语言种类、工具多样性、算力资源等方面具有明显的优势，因此一般情况下工程师都在云计算中进行应用程序的开发,而应用部署一般放在网络的边缘节点中。例如,在一些游戏开发中,游戏的渲染处理需要大量资源,一般在云端进行,因此为保障用户能够得到最佳体验,把展现部分部署在边缘侧。再如,在人工智能领域,由于机器学习或深度学习等的训练任务较为复杂,所需要的数据、算力等资源要求较高,因此一般训练任务都放在云端进行处理,而诸如推理等任务量较小的处理,则放在边缘侧进行,这样云、边之间就达到了最佳平衡。

关于边云协同的能力与内涵,涉及 IaaS、PaaS 以及 SaaS 等各层面的全面协同,其架构如图 2 - 19 所示。

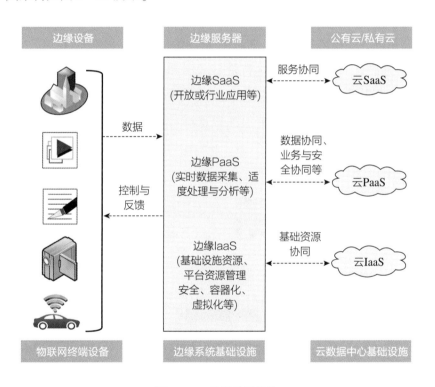

图 2 - 19　边云协同架构

边云协同架构反映出云计算与边缘计算两者是互为补充、互为协同的关系,同样也直观地反映出边缘计算并不是单一的结构独立成层,而是涉及了边缘 IaaS、边缘 PaaS 和边缘 SaaS 3 个层次,以及端到端平台层。例如:在 IaaS 模型中,可以实现对网络资源、虚拟化资源、安全等层面的协同工作;在 PaaS 模型中，可以实现数据、应用管理以及业务管理等层面的协同工作；在 SaaS 模型中，二者则可以实现服务之间的协同。

以城市车路协同为例进一步说明边缘计算与云计算的关系。在城市智能交通管控方面，由于城市交通所涉及的信息十分繁杂，且数据量庞大，这种情况下中心云平台无论在网络带宽和时延方面，还是在执行任务的效率方面，都难以满足车路协同的需求，因此需要二者协同才能更好地执行相关任务。一方面，在路侧进行边缘云设备设施的部署，通过 PC5 接口实现低时延的业务，提高非视距条件下的可靠性，那么感知设备所采集的数据就能够在边缘侧完成数据预处理，实现业务本地化，进而大幅降低网络时延，实现紧急制动、安全停靠等车路协同业务的快速决策。另一方面，路侧单元 RSU 通过 Uu 接口与 4G/5G 基站实现时延不敏感业务，进行信息共享和提前预测，中心云平台负责汇聚车路协同业务的各类信息，通过数据处理分析手段，实现业务的整体动态规划、管控以及驾驶行为等业务分析。智慧城市车路协同云边架构如图 2 - 20 所示。

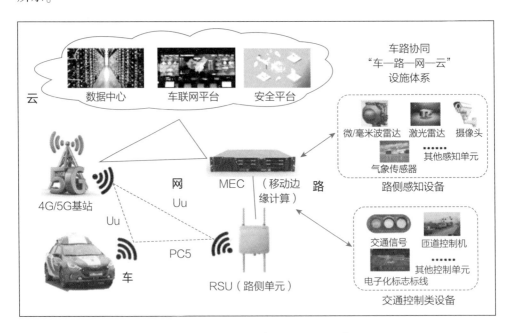

图 2 - 20 智慧城市车路协同云边架构

2.3.4 边缘计算和大数据

大数据具有数据体量巨大、数据类型多样、数据处理速度快、数据价值密度低等 4 个典型特点。大数据技术主要包括大规模并行处理（MPP）数据库、数据挖掘网络、分布式文件系统、分布式数据库、云计算平台、互联网和可扩展的存储系统等，具有从各类型的数据中快速获得有价值信息的能力，其理论主要包括可视化分析、数据挖掘算法、预测性分析、语义引擎、数据质量和数据管理等，处理方法分为采集、导入和预处理、统计分析、挖掘等四类。

由于大多数数据请求正在被大规模离线系统处理所替代，因此大多数云服务提供商也开始研发新技术以适应发展趋势。由于持续的大数据处理可大幅度缩短云服务器的生命周期，因此当前普遍采用引入边缘计算以解决该问题，方法是通过在采集端将信息过滤，并在边缘做预处理和统计分析，仅把有用的待挖掘数据处理工作交付给云端。一般情况下，物联网感知设备设施所采集的数据规模十分庞大，且并不是所有数据都具有利用价值。以消费者画像数据为例，如果消费者画像数据的基础是公有云基础设施，那么基于物联网技术的视频终端设备首先采集视频，然后将这些视频数据传输到云计算的中央服务器，最后才能够提取必要的信息。而借助边缘计算的理念，利用物联网视频终端设备先进行消费者画像统计信息的提取，然后再将其传输至云端进行数据存储、数据处理、数据分析，一方面可以很大程度上减少采集的数据量，另一方面也可以在本地提取有价值的信息，实现业务处理的本地化。

具体到智慧城市领域，边缘计算技术具有"邻近性、低时延、高宽带和位置认知"等典型特征，未来将广泛应用于城市车联网（无人驾驶）、AR/VR（增强现实/虚拟现实）、视频优化加速、监控视频分析等场景。相关信息显示，在智慧城市领域，40% 以上的城市数据通过边缘云计算进行分析、计算与存储等处理。此外，由于城市大数据主要来源于感知终端设备，而边缘计算的落脚点是要让终端具备"智慧"能力，使其可以实时处理数据，以及在时延要求较高时快速做出响应。例如，在智慧交通领域，可以使用边缘计算来分析车流量等信息，并自动调整红绿灯状态。城市边缘计算和大数据的关系如图 2 - 21 所示。

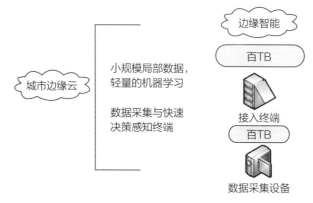

图 2 - 21　城市边缘计算和大数据的关系

2.3.5　边缘计算和人工智能

华为《GIV2025：打开智能世界产业版图》白皮书和 Gartner（美国 IT 研究与顾问咨询公司）报告均指出，边缘计算可以为人工智能赋能，边缘智能是物联网智能装备的支撑体。目前，大多数物联网终端设备使用的是传统处理器芯片，但传统的芯片指令集，以及内存架构并不适合所有的物联网终端设备所要执行的操作。举例来说，在人工智能机器学习、深度神经网络领域，输出性能往往受到存储、带宽等资源限制，而不是受到其自身处理能力的限制。由华为和 Gartner 报告同样也可以分析得出，边缘计算可以就近服务于数据源。虽然当前各企业一般情况下都将大数据交付给云端执行任务处理，但随着边缘计算技术与相关产品的逐渐成熟，业务本地化的发展趋势越来越明显，企业数据全部上云的需求开始减弱，未来面临瓶颈也存在一定的必然性。

随着"云-边-端"协同推进应用落地的需求不断增加，人工智能技术在边缘计算平台中的应用越来越频繁，边缘智能已经逐步成为边缘计算一种新的表现形式，人工智能叠加边缘计算的双重效应，有望助力打通物联网普及应用的"最后一公里"。具体到智慧城市领域，以超市零售为例，如果零售应用程序的数据处理在远端"云"进行梳理，那么时延带来的不便将会显著提升。又如

"车联网"若采用云端处理数据，则时延将会导致致命的风险。以智慧城市的总体架构进一步说明边缘计算与人工智能的关系，如图 2 - 22 所示。当前智慧城市平台架构已由中心云向"中心云 + 边缘云"发展，边缘计算和人工智能协同发展形成边缘智能，向上又可以形成智慧城市的中心智能。

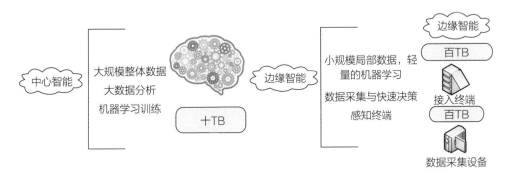

图 2 - 22　智慧城市边缘计算与人工智能的关系

2.3.6　边缘计算和5G

在当前移动蜂窝网络架构中，由于其核心网均为高位置部署，这就导致移动传输的时延非常高，不能满足 5G 对移动网络超低时延的业务需求。此外，如果将 5G 所有的场景业务都放到中心云处理，其效果也不能完全奏效，尤其是对于区域性业务来说，如果不在本地完成，那么既会浪费网络带宽也会增加时延。因此，时延等性能指标决定了 5G 业务不可能全部放在核心网后端的云平台进行处理，而边缘计算恰好可以解决 5G 对这两个方面的业务处理需求。

5G 与边缘计算相结合具备两大明显协同优势。一方面，"5G + 边缘计算"能够有效降低物联网感知设备采集数据的传输量，也就是在"5G + 边缘计算"的网络中所传输的数据不包括冗余信息，仅包括经过本地化处理后的有用信息，如在智慧城市中为用户提供的视频监控、AR/VR、车联网等信息，均为本地化处理后的数据。另一方面，依托 5G 网络优势，边缘计算设备可以采集更为广泛的数据信息，并在边缘侧融合人工智能技术进行数据处理，并将本地化处理后的数据传输到数据处理分析平台，实现数据处理的快速反馈。

在智慧城市建设中，边缘计算的特点可以协助 5G 实现提供差异化服务的能力，具体而言，边缘计算可以将 5G 的网络能力、业务能力等实现平台化，使整个边缘计算成为 5G 网络应用服务的优化平台或者中间平台，这样通过中间处理就可以催生更多 5G 网络的创新性应用。例如，智慧社区 "梯联网" 应用边缘计算技术，可以协助进行电梯状态感知、边缘侧预处理、云端预测性维护分析；面向智慧园区提供多网络融合与网络定制化，园区可以利用运营商的 4G/5G 网络进行办公或生产，运营商网络也可以延伸到园区，为边缘计算业务提供优质的网络连接和最近的边缘节点服务；安防系统可以在边缘采集视频流，解析视频图像，处理海量人脸数据、人群分析、生物识别等数据，并定期与云端同步等。可以说 5G 与边缘计算相结合能够构建全新的边缘智能架构，在 5G 核心要素的驱动下，可以促使云端处理能力进一步下沉，实现城市各行业领域开展智能服务的本地化处理，进而建立全新的边缘智能体系。

2.3.7 边缘计算和物联网

物联网的最终应用归结为数据的分析、处理与应用，由于边缘计算体系结构可用于优化云计算系统，以便在网络边缘执行数据处理和分析，其更接近数据源，因此可以解决云端数据分析处理所引起的时延、带宽消耗、网络拥塞等问题。边缘计算驱动物联网发展的优势包括以下 6 个方面。

1）边缘计算可有效降低物联网设备与云之间所需的网络带宽，提供更低的时延，也可以大幅降低 IT 基础架构的载荷。

2）边缘计算的边缘终端设备可用于存储和处理数据，不需要网络连接来进行云计算，可以免除持续高带宽的网络连接。

3）通过边缘计算，边缘终端设备可以仅向云计算发送有效信息，有助于降低云基础架构的连接和冗余资源的成本，以及降低对云计算基础设施的寿命消耗。

4）利用边缘计算处理能力，物联网设备的数据处理性能更趋于云操作，因此应用程序可以快速执行，并与端点建立高质量通信。

5）边缘计算能够实现数据传输的安全性，以及数据的隐私性，如敏感数据可在边缘设备上生成、处理和保存，而不必进行网络传输，减少了传输过程中以及集中式数据中心遭遇破坏的风险。

6)边缘计算并不能取代传统数据中心或云计算基础设施,它与云共存,因为云的计算能力被分配到端点进行数据的快速处理。

在智慧城市领域,随着物联网采集的数量增加,数据安全、延迟、弹性、宽带成本、自主性等要求越来越高,且 5G 网络设备低延时和海量接入的需求也在逐步提升,这就要求未来对数据的处理能力和计算能力必须下沉至边缘侧,才能够满足低时延、高带宽、低成本等业务本地化需求与用户体验。一方面,物联网边缘计算能力可以实现和移动边缘计算的深度融合,它可以在距离用户最近、最佳的位置提供计算、存储、传输、接入和数据分析等相关的服务,最终提升边缘网络的性能。另一方面,边缘计算的就近原则,可以大幅度提高采集数据的隐私性和安全性。此外,随着更多的物联网设备部署,用户需要快速分析和处理它们生成的数据,依托边缘计算靠近数据源的优势,可以帮助用户实现快速处理,提高资源利用率。同样,边缘技术提高业务效率,减少对云存储的占用,可以带来更高效的业务运营。在智慧城市应用场景方面,边缘计算平台针对物联网设备采集的数据进行分析有着广阔的应用前景,如在智能移动视频加速、监控视频流分析、AR/VR、密集计算辅助、企业分流、车联网、设备接入与管理等场景已有成型的解决方案。图 2-23 所示为物联网边缘计算价值链。

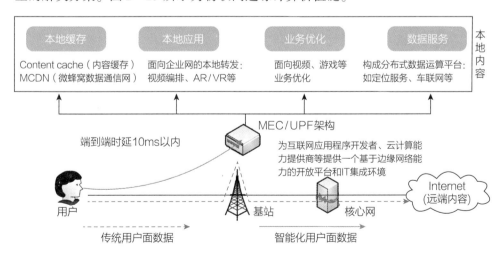

图 2-23　物联网边缘计算价值链

2.4　大智慧源于大数据

在智慧城市建设中，大数据的作用与地位与日俱增，其从纯粹的技术支撑手段，开始向建设内容、数据资源、数据应用等方向逐步演进。随着城市规模、人口规模等越来越大，结构日趋复杂，传统条块分割城市管理模式已不再适应城市精细化管理的需求。大数据技术的发展为解决城市管理的短板提供了可能性，因为只有对城市大数据进行充分的挖掘，才有机会支撑"新型智慧城市"、"数字孪生城市"进一步落地实施。因此，各地在智慧城市建设中，都将大数据作为核心基础设施，将其视为引领城市建设发展的核心组成部分之一。城市大数据应用的基础在于物联网设备对城市数据的采集，以及通信网络对数据的传输，这一观点在业界已然达成共识。

2.4.1　智慧城市的神经末梢：物联网设备

1. 基于物联网设备的智慧城市架构

从当前全球范围内智慧城市的建设经验看，物联网感知设备设施的应用场景非常丰富，所涉及领域也很多，如在智慧建筑、智能制造、智慧物流、智慧交通、智慧能源、智慧医疗、智慧家居和智慧安防等方面已有很多经典的案例。

随着信息通信技术的发展，智慧城市中各类物联网设备不再仅具有单一功能，而是朝着智能化方向演进，有些物联网终端设备已经具有了边缘智能决策、边缘执行控制以及各终端之间互联互通等功能。智慧城市中除了计算机、智能手机、智能摄像头等物联网设备以外，更多多样化的智能终端得到规模化的部署和应用，如智能机器人、智能电表、智能井盖和工业智能模组等。基于物联网终端的智慧城市逻辑架构如图 2-24 所示。

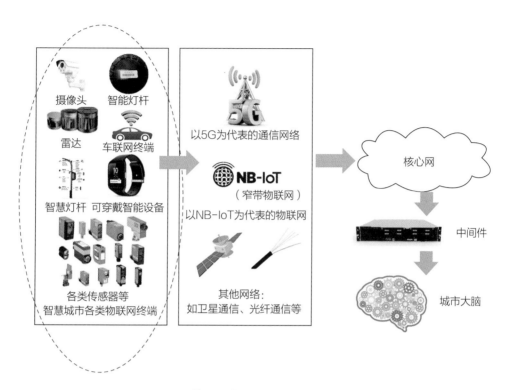

图 2 – 24　基于物联网终端的智慧城市逻辑架构

2. 按领域划分物联网设备在智慧城市的部署

以城市发展视角来看，物联网感知设备是整个智慧城市数据采集的基础，是城市大数据的重要来源，通过大力推广物联网设备在智慧城市领域的应用，可以有效推动智慧城市实现智慧化以及运营的精细化。例如，智能交通类设备主要包括网联汽车、车载视频系统、交通灯感知与控制系统和智能停车系统（智能闸机、地磁监测系统、车牌识别系统、车流统计系统和自动收费系统等）；智能安防类设备包括智能摄像头、楼宇监测系统（烟感监测设备、温湿监测设备）、智能门禁系统（智能对讲机、身份识别系统等）、智能显示设备和智能报警系统；公共事业类设备包括智能仪表、智能路灯、智能数传终端和智能水务参数监测设备（液压、液位、水质和流量等监测终端等）等。智慧城市中的终端设备比较复杂，且在未来智慧城市建设中，物联网设备将形成较大的市场规模，进而成为智慧城市的一个重要组成部分。

3. 按空间布局划分物联网设备在智慧城市的部署

在智慧城市建设中，可以在城市各应用场景，大规模部署智能网关和边缘计算等节点设备设施，用它们来汇集周边各类传感器所采集的数据，并通过各种类型的通信网络（如有线、无线、物联网等），将数据上传到统一城市物联网平台或者城市大脑进行数据处理、分析以及应用管理。一般来说，从物联网设备的空间部署角度划分，一般可以将城市物联网感知体系分为地上、地下、空中和水域等四类，并且在部署过程中应从城市整体发展角度进行四类感知体系的协同布局。

（1）地上感知体系　沿道路布设多功能信息杆柱、智能路灯、智能垃圾桶、智能井盖、智能停车场、车路协同等感知载体和设施；在楼宇建筑中布设监测排水、燃气、热力、电力、安防和消防等系统的传感装置；在城市能源系统布设自动计量水、电、气和热等能耗的智能仪表；在全域布设温湿度、空气、噪声、辐射和土壤等环境监测装置。

（2）地下感知体系　在综合管廊、地下交通、地下防务等地下空间和水务、燃气、热力、电力、通信地下管线等布设传感设施。

（3）空中感知体系　可利用浮空平台在空中进行气象、环境等监测和区域视频监控；可利用低空无人机搭载传感器、摄像头等对特殊复杂环境和重点区域进行增强补充、定期巡检和应急保障；

（4）水域感知体系　在大型河流湖泊的水下布设水底观测网，水面布置锚泊站，并运用无人监测船等进行水文、生态、环境等监测。

4. 智慧城市物联网设备标识体系

现阶段，智慧城市物联网设备的管理模式（见图 2-25）依然主要采用垂直闭环架构。物联网设备由主管部门独立部署，垂直管理，感知数据仅供部门内部使用，存在设备不兼容、可替代性较差以及部门间底层设备"身份"不互认的弊端。

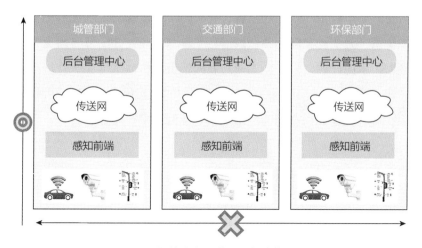

图 2 - 25   智慧城市物联网设备的管理模式

随着国家"数字孪生城市"以及"新型智慧城市"概念的提出,城市发展开始由垂直闭环向各部门间"云 - 管 - 端"各层水平整合方向发展,如图 2 - 26 所示。同时,城市的发展也要求各部门间打破信息孤岛,实现物联网感知数据的应用协同,因此智慧城市物联网设备的部署应在满足智慧城市当前需求的同时,还应立足全局,面向未来。

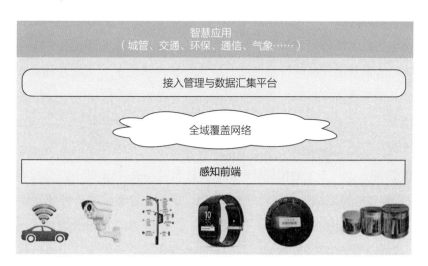

图 2 - 26   智慧城市物联网设备未来部署的趋势

面对智慧城市海量的物联网设备，有必要建立设备的统一编码标识。规范物联网标识体系，是实现物联网各领域信息互联、产业提升的重要前提条件。随着工业互联网技术的成熟与发展，工业互联网标识解析体系可为智慧城市物联网终端确定"唯一身份"，运用工业互联网标识预先形成统一的智慧城市物联网终端标识体系，可为构建面向全局的城市数据资源管理平台做好准备。

2.4.2 智慧城市的神经网络：通信网

1. 智慧城市建设的要点之一：泛在网络

一般认为，智慧城市总休架构可分为感知终端层、通信网络传输层、平台服务层以及城市应用层4个层面。从全球和我国智慧城市的发展进程来看，结合各国智慧城市的发展愿景，如果要实现智慧城市的智慧政务、智慧城管、智慧交通、智慧医疗、智慧能源和智慧园区等诸多智慧应用，那么数据采集、数据传输以及数据存储与计算等缺一不可。因此，通信网络作为连接数据采集端和处理端的通道，在智慧城市建设中扮演着不可替代的角色，这也是各国在智慧城市建设中都将通信网络作为关键基础设施、重点攻关任务的重要原因。

当前，泛在连接已经成为人们生产生活必不可少的组成部分，智慧城市泛在通信网络也为数字经济发展打下了坚实的基础。随着我国基础电信网络的持续完善，越来越多的智能产品与智慧应用开始承载在网络之上，特别是随着4G网络的普及，从电子商务、移动支付到智慧出行、远程教育、远程医疗，移动互联网已将人类带入了一个全新的泛在的移动数字世界，有效地缩小了地区间的信息鸿沟，大大提升了全人类的数字化水平，加速了数字经济的发展。另外，据IDC预测，到2023年，全球1/3的智慧城市场景将被5G影响，75%的一、二线城市将使用5G技术实现规模化城市服务。可以说，5G是建设智慧城市全域感知网络的基础，也是推动万物互联的有效手段，以及实现人、机、物深度融合发展关键基础设施之一。同时，5G融合人工智能、区块链、数字孪生、云计算、边缘计算、大数据和物联网等新一代信息通信高新技术，也将推动城市生产、生活等诸多领域的变化。此外，在新型智慧城市建设中，物联网同样承担着中枢神经系统的角色。

2.5G 网络为智慧城市建设带来新动能

当前,物联网终端在城市新型基础设施以及传统基础设施智能化改造方面得到了大规模部署,海量数据正推动着当前智慧城市的建设逐渐深入,从早期的并行发展到目前的系统整合,仅仅依靠固网宽带和 4G 网络作为数据的传输手段难以全面支撑未来智慧城市场景的需求,表现在数据传输方式具有线路布设和替换成本高、灵活度低、无线网络带宽小和时延长等缺陷。

随着"新型智慧城市"以及"数字孪生城市"概念的提出,智慧城市建设实施对网络带宽、网络覆盖及网络速度等网络基础设施提出了多层次要求。当前,国内外城市进行智慧城市规划时,都将网络通信作为除了物理设施之外的另一重要基础设施。随着 5G 新技术的到来,各国也开始积极升级通信网络建设,通过 5G 商用部署,推进智慧城市建设。

5G 网络可以从"端""边""枢"等多层面重构智慧城市智能体系,为智慧城市建设与应用创新提供强大技术支撑。例如:5G 网络与智能物联网相结合能够满足感知设备对网络通信能力的更高要求,从而进行全域数据采集,实现海量数据收集,真正做到万物智联;5G 与移动边缘计算相结合能够构建边缘智能,使云端处理能力下沉,实现开展本地化智能服务,建立全新的边缘人工智能分布体系;5G 与智能运营管理平台相结合能够实现中心智能,辅助其向下连接基础端云底座,向上承载开放的能力与应用,推动数据实现融合应用、流通共享及交互协同。

5G 作为数字经济时代的一种具有普遍性的通用技术,将被城市中的各个行业广泛应用。作为关键基础设施,5G 网络将像电力一样,一是任何人和城市部件都将随时随地接入,获得接入数字孪生城市的能力,二是任何人和城市部件都将获得标准化和一致性的接入接口,无须考虑电压大小或者插座形状。

可以预见的是,未来在 5G 技术以及 5G 网络应用的带动下,智慧城市各行业领域将大范围实现数字化转型。例如:在行业领域方面,5G 网络可赋能于智慧治理、智慧民生、智慧产业等,实现 5G 的创新应用和各行业的智慧化发展;在城市治理方面,5G 将进一步助力场景下沉,以楼宇、街区、社区和园区等为新型智慧城市建设落脚点,打造智慧城市微单元;在数字空间方面,5G 的大规模连接能力能够为数字孪生城市提供城市部件的数字化和智能化,是其实现的重要基础。此外,在智慧城市更细分领域方面,通过 5G 网络的连接服务,自动驾驶将广泛应用于城市交通,为居民提供低碳高效的通行服务;远程医疗将改变医疗资源分配的格局,推动城市医疗的公平发展;沉浸式远程教育将改变孩子们的命运,抹平地域、城域、区域教育资源差异;人工智能安防机器人将创造更加安全的社区环境;数据智能的普及将推动政府社会治理的高效和精准以及城市经济运行的智能洞察;数字赋能的水资源管理将创造更加洁净的城市水系。这一切都将随着 5G 把每个城市部件、每一位城市居民、每个城市组织变成数字化的智能体并连接起来后发生。

在我国 5G 示范应用的试点城市中,高清直播、智慧教育、智慧旅游、无人驾驶、智慧警务、智慧制造、车联网、远程手术和智慧港口等应用场景得到了广泛的推广,如图 2 - 27 所示。

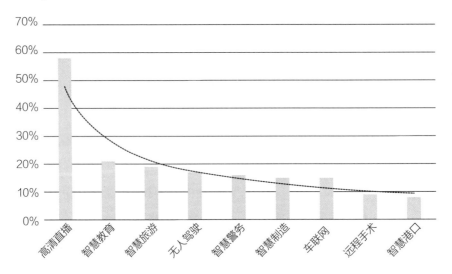

图 2 - 27　5G 示范应用的试点城市主流智慧应用场景

3. 物联网推动智慧城市网络设施泛在升级

当前,物联网已在很大程度上提高了城市运行状况的实时感知能力,也增强了政府管理和服务民生的效率,其采集的数据也为城市各类智慧创新应用提供了"粮食"资源,有效推动了城市电信网络设施的全面升级。

2017 年，工业和信息化部印发《关于全面推进移动物联网（NB-IoT）建设发展的通知》，在该政策的指导下，我国基础电信运营企业开始在全国各大中城市部署 NB-IoT 商用网络。同年 5 月，我国建成了全球首个覆盖面最广的 NB-IoT 商用网络，并发布全球首个 NB-IoT 业务资费套餐，显著提高了智慧城市物联网设备接入能力，标识着我国 NB-IoT 开始步入规模商用。随着 NB-IoT 商用网络建设的快速发展，eMTC（增强性机器通信技术）也在 2018 年步入试商用阶段，其具有中速率、移动性、支持语音业务等三大显著特征，并与 NB-IoT 相互补充，达到协同效应。此外，基于 LoRa 等技术的行业物联网专网也得到了顺势发展，并成为 NB-IoT 网络的重要补充。至此，我国城市物联网基础设施体系开始逐渐成熟。

在智慧城市领域，城市物联网基础设施已经支撑了智慧园区、智慧水表、智慧杆塔、智慧井盖和智慧停车场等经济效益明显的智慧应用的落地实施，开始走向规模建设。未来，随着物联网网络覆盖广度和深度的双向拓展，物联网在城市地下综合管廊、环境保护、水利水务等领域的潜能将得逐步释放，NB-IoT 与 eMTC 在智慧城市中的应用如图 2-28 所示。

图 2-28　NB-IoT 与 eMTC 在智慧城市中的应用

第 3 章

智慧城市为什么在 5G 时代才得以实现

3.1 1G~4G 通信系统都做了什么

从 1G 到 5G，移动无线网络已经成为人们生活、学习、娱乐不可缺少的必备品，而移动无线通信技术本身也在不断地更新换代。那么，移动通信技术到底经历了哪几个发展阶段？每个阶段的特色又是什么呢？

3.1.1 1G~3G 颠覆式发展

1. 1G——模拟语音时代

1G（第一代移动通信技术）是模拟蜂窝移动通信，采用的是模拟信号传输，即将电磁波进行频率调制，将语音信号转换到载波电磁波上，载有信息的电磁波发布到空间后，由接收设备接收，并从电磁波上还原语音信息，即完成一次通话。1G 主要有两种制式，分别是来自美洲的 AMPS 和来自欧洲的 TACS。中国当时跟随欧洲使用 TACS，那是属于"大哥大"（见图 3 - 1）的时代，代表公司是美国的摩托罗拉。

移动性和蜂窝组网的特性就是从 1G 开始的，但是其采用模拟通信信号传输，缺点明显。首先，模拟通信信号容易受到干扰，语音的品质低，覆盖的范围不够广，而且还会出现在打电话时串音的问题；其次，简单地使用 FDMA（频分多址）技术使得频率复用度和系统容量都不高。除此之外还有诸如保密性差、不能提供数据业务等缺点，也就是只能打电话，连发短信这种数据信息业务都无法支持。

图 3-1　1G 手机

2. 2G——数字信号时代

除了上述缺点之外，1G 的技术标准也各不相同，只有"国家标准"，没有"国际标准"，国际漫游是个大问题。2G（第二代移动通信技术）就是要解决这些问题。

2G 以数字语音传输技术为核心，用户体验速率为 10kbit/s，峰值速率为 100kbit/s。由于 2G 采用的是数字调制技术，比 1G 多了数据传输服务，发短信就成为时髦的交流方式。彩信、手机报、壁纸和铃声的在线下载成了热门业务。1992 年，2G 标准开始实施。仅仅 10 年，摩托罗拉便从霸主之位上掉下来，而新的主导者是诺基亚，此时的手机如图 3-2 所示。

图 3-2　2G 手机

2G 技术基本分为两种，一种是基于 TDMA（时分多址），一种是基于 CDMA（码分多址）。同时 2G 是数字通信，抗干扰能力大大增强。2G 为接下来的 3G 和 4G 奠定了基础，比如分组域的引入和对空中接口的兼容性改造，使得手机不再只有语音、短信这样单一的业务，还可以更有效率地连入互联网（电路域也可以提供 Internet 业务，只是相对来说分组域更合适）。2G 主要的制式也是两个，分别是来自 ETSI（欧洲电信标准化协会）的 GSM（GPRS/EDGE）和以高通公司为主力的 TIA（美国通信工业协会）的 CDMA IS‑95/CDMA2000 1x。

（1）2G 的网络架构　2G 的 GSM 网络架构如图 3‑3 所示，组网较为简单，主要包括基站部分和核心网部分。基站部分又叫基站子系统（Base Station System，BSS），由基站控制器（Base Station Controller，BSC）和基站收发信机（Base Transceiver Station，BTS）组成；核心网部分又称网络交换子系统（Network Switch System，NSS），由移动业务交换中心（Mobile Service Switching Center，MSC）、归属位置寄存器（Home Location Register，HLR）、访问位置寄存器（Visitor Location Register，VLR）、鉴权中心（Authentication Center，AUC）和移动台设备识别寄存器（Equipment Identity Register，EIR）组成。

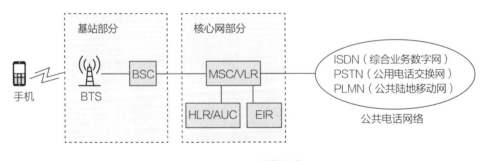

图 3‑3　GSM 网络架构

网络各组成部分功能如下：

1）BSS。BSS 是网络交换子系统和手机之间的桥梁，主要完成无线通信管理和无线收发功能。BSS 主要包括 BSC 和 BTS 两个部分。

①BSC：基站控制器，处理所有的与无线信号有关的工作（如小区的切换、无线资源管理等）。BSC 位于 MSC 与 BTS 之间，具有对一个或者多个 BTS 进行控

制和管理的功能，主要完成无线信道的分配，BTS 和 MS（移动终端）发射功率的控制，以及越区信道的切换等功能。BSC 也是一个小型的交换机，它把局部网络汇集后通过 A 接口与 MSC 相连。

②BTS：基站收发信机，负责无线信号的收发。BSS 的无线收发设备由 BSC 控制，主要负责无线传输，完成无线与有线的转换、无线分集、无线信道加密、跳频等功能。BTS 通过 Abis 接口与 BSC 相连，通过 Um（空中接口）与 MSC 相连。此外 BSS 还包括 TRAU（编码变换和速率适配单元）。TRAU 通常位于 BSC 与 MSC 之间，主要完成 16kbit/s 的 RPE-LTP 编码和 64kbit/s 的 A 律 PCM 编码之间的码型变换。

2）NSS。NSS 主要完成交换功能以及用户数据管理、移动性管理、安全性管理所需要的数据库功能。NSS 由 MSC、HLR、VLR、AUC 和 EIR 等功能实体构成。

①MSC：移动业务交换中心，GSM 系统的核心，完成最基本的交换功能，即完成移动用户和其他网络用户之间的通信连接；完成移动用户寻呼接入、信道分配、呼叫接续、话务量控制、计费和基站管理等功能；提供面向系统其他功能实体的接口、到其他网络的接口以及与其他 MSC 互联的接口。

②HLR：归属位置寄存器，系统的中央数据库，存放与用户有关的所有信息，包括用户的漫游权限、基本业务、补充业务以及当前位置信息等，从而为 MSC 提供建立呼叫所需要的路由信息。一个 HLR 可以覆盖几个 MSC 服务区，甚至整个移动网络。

③VLR：访问位置寄存器，存储了进入其覆盖区的所有用户的信息，为已经登记的移动用户提供呼叫接续的条件。VLR 是一个动态的数据库，需要与有关的 HLR 进行大量的数据交换，以保证数据的有效性。当用户离开该 VLR 的控制区域，则重新在另一个 VLR 登记，原 VLR 将删除临时记录的该移动用户的数据。在物理上，MSC 和 VLR 通常合为一体。

④AUC：鉴权中心，是一个受到严格保护的数据库，存储用户的鉴权信息和加密参数。在物理实体上，AUC 和 HLR 共存。

⑤EIR：移动台设备识别寄存器，存储与移动台设备有关的参数，可以对移

动台设备进行识别、监视和闭锁等，防止未经许可的移动设备使用网络。

（2）2.5G　在2G与3G之间，还有2.5G，即GPRS（通用分组无线业务），在2G只能打电话发短信的基础上，GPRS有了数据（上网）业务。于是，核心网的网络架构有了大变化，开始有了PS（分组交换/包交换）核心网。GPRS网络架构如图3-4所示，核心网部分包含和网关GPRS支持节点（Gateway GPRS Support Node，GGSN）服务GPRS支持节点（Serving GPRS Support Node，SGSN）。

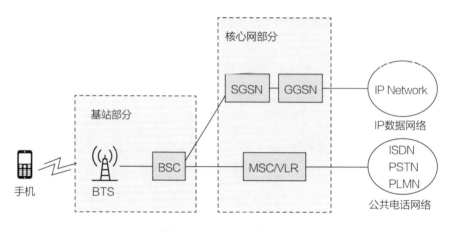

图3-4　GPRS网络架构

1）GGSN。GGSN是GPRS网络中的关键部分，用于GPRS网络和外部分组交换网络（Internet、X.25、WiMAX）之间的交互。从外部网络看，GGSN就是一个子网的路由器，其对外部网络隐藏了GPRS的底层结构。当GGSN接收到一个指定用户的数据时，要检查用户是否是活动的。如果是活动的，GGSN将数据转发给SGSN来服务用户；如果是不活动的，则丢弃数据包。反过来，GGSN将用户的数据包向外传递出去。GGSN使得GPRS/UMTS（通用移动通信系统）网络中的终端具有了移动的能力，它在GPRS网络中的角色类似于移动IP（网际互连协议）网络的Home Agent（本地代理）。GGSN保持PDU（协议数据单元）数据到SGSN路由可达，来服务MS。GGSN将来自SGSN的GPRS分组转换成外部网络对应的格式，然后发送给对应的分组数据网络。反过来，GGSN将外部网络的数据转换成GSM地址格式的报文，再发送给对应的SGSN。因此，GGSN存储了用户当前 SGSN 的地址及其 LR（位置寄存器）的配置。GGSN 负责当前连接的 UE（用户终端）的 IP 地址分配和默认路由。此外，GGSN 还具有认证和计费的功能。

2）SGSN。SGSN 收发用户的分组数据包，其功能包括分组路由和传输、移动管理、逻辑链路管理、认证和计费。SGSN 的 LR 存储了 SGSN 中注册的所有用户的位置信息（当前小区、VLR）和个人信息（IMSI、地址）等。主要功能有：

①解析来自 GGSN 的 GTP（GPRS 隧道协议）报文（下行）。

②封装发往 GGSN 的 IP 报文（上行）。

③移动管理。

④计费。

3.3G——移动多媒体时代

2001 年，3G 正式登上了历史的舞台。2G 虽然相比 1G 大大提升了效率，但是满足不了人们对图片和视频传输的要求，这时，3G 应运而生。

3G 相对于 2G 来说主要是采用了 CDMA 技术，扩展了频谱，增加了频谱利用率，提升了速率，更加利于 Internet 业务。同时，3G 的演进技术将多种多址方式进行了结合，使用了更高阶的调制技术和编码技术，还采用了多载波捆绑、MIMO（多进多出）等新技术，使得速率进一步提升，部分功能也从 RNC（无线网络控制器）之类的上级机器下移到基站中来完成，提高了响应速度，降低了时延。另外，3GPP（第三代合作伙伴计划）组织在演进 3G 技术的同时也不断为未来做准备，包括核心网电路域的软交换、分组域和传输网的 IP 化等。

这个阶段，移动通信出现了新的玩家，除了北美和欧洲，中国也开发了自己的标准。目前世界上 3G 主要的三大标准为 CDMA2000、WCDMA（宽带码分多址）、TD-SCDMA（时分同步码分多址），其中 WCDMA 是国际使用范围最广的 3G 网络制式，满足业务丰富、价格低廉、全球漫游和高频谱利用率四个基本要求。这个阶段，一个重要的公司——苹果出现了。同时，一代巨头诺基亚黯然离场。苹果 3G 手机如图 3-5 所示。

图 3 - 5　苹果 3G 手机

对于非移动设备，3G 最大速度约为 3Mbit/s，处于移动状态的车辆的最大接入速度约为 384kbit/s。由于采用更宽的频带，传输的稳定性也大大提高，保证了速度和质量之后，使数据的传输更为普遍和多样，有了更多样化的应用。更重要的是，第一代 iPhone 的发布，使得智能手机的浪潮席卷全球，人们可以从手机上直接浏览网页、收发邮件、视频通话、观看直播，人类正式进入多媒体时代。以前在计算机上才可以使用的网络服务，现在在手机上有了更好的体验，各类应用软件开始了不断更新迭代。

3G 系统网络在不同的标准版本中仍然存在一个逐步演化的过程，其基站子系统组成名称变为 RNC 和 NodeB，其架构如图 3 - 6 所示。

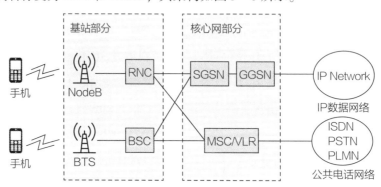

图 3 - 6　3G 网络架构

3G 除了硬件和网元变化之外，还有两个很重要的思路变化：

1）IP 化。以前是 TDM（时分多路复用）电路，就是 E1 线。粗重的 E1 线缆 IP 化，就是 TCP/IP。网线、光纤开始大量投入使用，设备的外部接口和内部通信都开始围绕 IP 地址和端口号进行。

2）分离。网元设备的功能开始细化，不再是一个设备集成多个功能，而是拆分开，各司其职。在 3G 阶段，是分离的第一步，叫作承载和控制分离，在通信系统里面，表现为用户面和控制面两个平面，如图 3－7 所示。用户面是用户的实际业务数据，就是语音数据、视频流数据等。控制面，是为了承载用户数据而进行的信令交互。这两个面在通信设备内部就相当于两个不同的系统。2G 时代，用户面和控制面没有明显分开；3G 时代，把两个面进行了分离。

图 3－7　用户面与控制面分离

R7 版本开始通过 Direct Tunnel（直接隧道）技术将控制面和用户面分离，在 3G RNC 和 GGSN 之间建立了直连用户面隧道，用户面数据流量绕过 SGSN 直接在 RNC 和 GGSN 之间传输，如图 3－8 所示。到了 R8 版本，出现了 MME（移动管理实体）这样的纯信令节点，如图 3－9 所示。

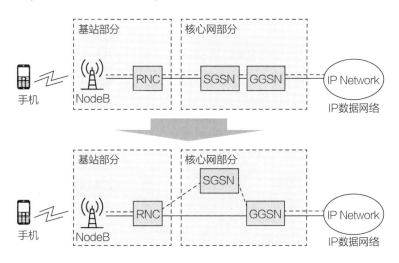

图 3－8　R7 版本 3G 网络用户面数据直接从 RNC 到 GGSN

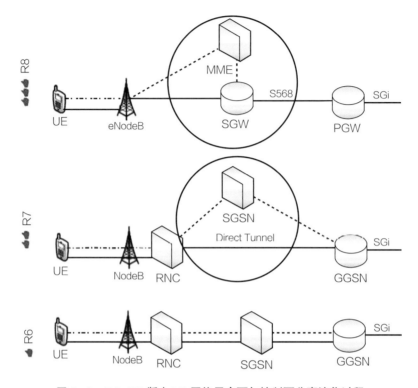

图 3 - 9　R6 ~ R8 版本 3G 网络用户面与控制面分离演化过程

3.1.2　3G~5G 演进式发展

随着智能手机的发展, WCDMA 随后演进出 3.5G 的 HSDPA（高速下行链路分组接入）、3.75G 的 HSUPA（高速上行链路分组接入）, 但其中的 CDMA 技术框架没有改变, 直到后来 Intel（英特尔公司）的加入。Intel 以城域网标准 802.16 加入通信战场, 其在商业上的名称是 WiMAX。WiMAX 采用了 OFDM（正交频分复用）技术, 通过循环前缀和频域均衡等不太复杂的技术, 有效地消除了用户间的干扰, 效果远远优于 CDMA。3GPP 在 2011 年提出了将长期演进技术升级版（LTE-Advanced）作为 4G 技术标准, 决定把 WCDMA 淘汰, 转而采用 OFDM。

1.4G——高速数据传输时代

4G 将 WLAN（无线局域网）技术和 3G 通信技术进行了很好的结合, 使图像的传输速度更快，传输质量更高。4G 通信技术数据传输的上行速率可达 20Mbit/s，下行速率可达 100Mbit/s，是 3G 技术上网速度的 20 倍，提供了 3G 不能满足的无线网络宽带化需求。4G 带来了高清、视频直播、云计算和手机网游等新型宽带数据业务的普及。

4G 有 LTE 和 IEEE 802.16m（WiMAX2）两大技术根基。LTE（长期演进）是在 3G 基础上通过技术迭代慢慢达到 4G。

由于目前 4G 中以 LTE 的应用最广泛，因此本节以 LTE 来说明 4G 相对于 3G 的改变。首先是网络架构的大变化。LTE 抛弃了 2G、3G 一直沿用的"基站 – 基站控制器（2G）/无线网络控制器（3G） – 核心网"的网络结构，而改成基站直连核心网，3G 网络基站里面的 RNC 没有了，功能一部分给了核心网，另一部分给了 eNodeB，整个网络更加扁平化，降低了时延，提升了用户感受。核心网方面抛弃了电路域，迈向全 IP 化，统一由 IMS（IP 多媒体子系统）承载原先的业务。4G 网络架构（见图 3 – 10）中，SGSN 变成 MME，GGSN 变成 SGW/PGW（Serving Gateway，服务网关；PDN Gateway，PDN 网关），也就演进成了 4G 核心网。

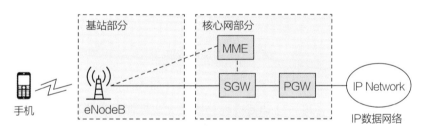

图 3 – 10　4G 网络架构

MME 的主要功能是支持 NAS（非接入层）信令及其安全、跟踪区域（TA）列表的管理、PGW 和 SGW 的选择、跨 MME 切换时进行 MME 的选择、在向 2G/3G 接入系统切换过程中进行 SGSN 的选择、用户的鉴权、漫游控制以及承载管理、3GPP 接入网络的不同核心网络节点之间的移动性管理（终结于 S3 节点），以及 UE 在 ECM_ IDLE 状态下可达性管理（包括寻呼重发的控制和执行）。

2009 年，在部署 LTE/EPC（4G 核心网）的时候，有人认为核心网演进之路已经走到尽头，继续突破创新实在太难，毕竟要掌控每小区峰值速率 150Mbit/s 的网络实在是一件不容易的事。然而，随着 VoLTE 和 VoWiFi 的出现，LTE/EPC

又引入了 S2a、S2b 和 S2c 接口，这些接口将核心网的控制范围延伸到了非 3GPP 网络，即可信 Non-3GPP 接入和非可信 Non-3GPP 接入连接到 3GPP 网关 PGW。自此，4G 网络接口如图 3-11 所示，图中虚线表示包含用户面和控制面两个平面的接口。

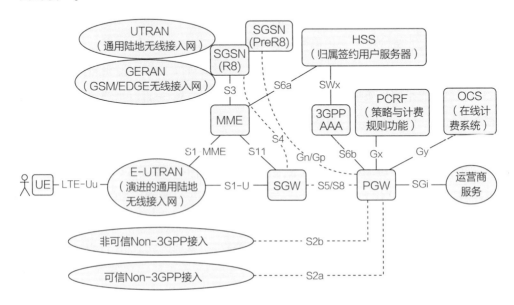

图 3-11 4G 网络接口

4G 网络空中接口的关键技术也抛弃了 3G 的 CDMA 而改成 OFDM，其在大带宽上比 CDMA 更加具备可行性和适应性，同时大规模使用 MIMO 技术提升了频率复用度，跨载波聚合能获得更大的频谱带宽从而提升速率，这些技术都是 LTE-Advanced 能跻身 4G 标准的重要因素。4G 由于大频谱带宽需求量大以及各国各地区频谱资源的稀缺，所以会看到更多的频段被使用，相比之下 3G 则主要在 800MHz、850MHz、900MHz、1700MHz、1900MHz、2100MHz 等频段。目前 LTE 以占据绝对优势的地位成为 4G 主流，WiMAX 家族可以说被完全压制。

2.5G——网络虚拟化时代

随着 4G 的广泛使用，用户对数据的使用量和延时问题的抱怨越来越多，这促使部分国家和地区开始研究 5G 通信系统。5G 带来的解决方法就是通过加大带宽、利用毫米波、大规模多输入多输出、3D 波束赋形、小基站等技术，实现比

4G 更快的速度、更低的时延和更大的带宽，同时连接千亿个设备。

高速的移动时代刚刚开始，随着 AR、VR、物联网等技术的诞生与普及，它们对移动网络提出了更高的要求。国际电信联盟将 5G 应用场景划分为移动互联网和物联网两大类，各个国家均认为 5G 除了支持移动互联网的发展，还将解决机器海量无线通信需求，极大促进车联网、工业互联网等领域的发展。就目前规划来看，5G 网络不仅传输速率更高，而且在传输中呈现出低时延、高可靠、低功耗的特点，特别是低功耗能更好地支持物联网应用。

ITU（国际电信联盟）针对每一个新时代的网络，都会制定出需求及应用场景，而各大电信标准组织再依照 ITU 所提出的需求，制定标准并向 ITU 提交标准，供 ITU 审订。5G 提交的标准为 IMT-2020。ITU 在 IMT-2020 中制定了 5G 的八大 KPI（关键绩效指标）：

1）更好的使用者传输速率体验（User Experienced Data Rate）：100Mbit/s以上。

2）更高的峰值传输速率（Peak Data Rate）：20Gbit/s。

3）单位面积在单位时间内更高的传输数据量（Traffic Capacity）：10 ~ 100Mbit/（s·m^2）。

4）更高的频谱使用率（Spectrum Effiency）：3 倍以上。

5）更快的移动速度（Mobility）：500km/h。

6）更低的延迟（Latency）：1ms 以下。

7）更高密度的装置联机（Connection Dencity）：100 万台设备/km^2。

8）更低的耗能（Network Energy Efficiency）：电力消耗为 1/100 以下。

这八大 KPI 主要是要满足三大场景的应用：

1）增强型移动宽带（Enhanced Mobile Broadband，eMBB）：指的是更快的传输速率以及更好的用户上网体验，即解决人与人之间通信、用户上网的问题。

2）海量机器类通信（Massive Machine Type Communications，mMTC）：指的是更大量、更密集的机器通信（每平方千米 100 万台以上的设备接入网络），即解决物联网的问题。

3）高可靠超低时延通信（Ultra-reliable and Low Latency Communications，URLLC）：指的是更低的延迟，如无人驾驶、工业自动化和远程医疗手术等应用。

如图 3-12 所示，要实现这样的愿景，5G 网络需要面临的技术挑战主要是高速率、端到端时延、高可靠性、大规模连接、用户体验和效率。为了应对这样的技术挑战，5G 网络设计原则为：

1）从集中化向分布式发展。

2）从专用系统向虚拟系统发展。

3）从闭源向开源发展。

采用的具体技术方法为解耦、软件化、开源化和云化。

1）解耦：软硬件解耦，控制面与用户面分离。

2）软件化：包括 NFV（网络功能虚拟化）、SDN（软件定义网络）、编排和网络切片。

3）开源化：软硬件开源，前传、API 接口开放。

4）云化：从 CAPEX（资本性支出＝战略性投资＋滚动性投资）向 OPEX（运营成本＝维护费用＋营销费用＋人工成本）模式转型，实现虚拟化与 DevOps（Development & Operations，以敏捷开发为基础，实现应用的快速开发交付及迭代，从而更快速响应业务变化）环境，动态与自动化运维。

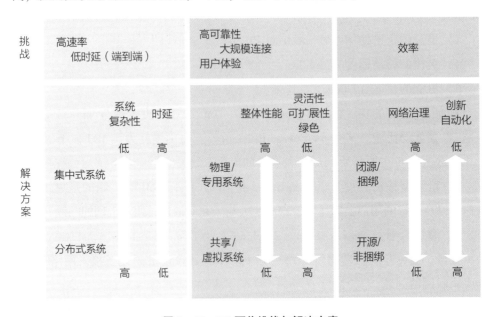

图 3-12　5G 面临挑战与解决方案

3.2 5G 有什么特别之处

移动通信已经深刻地改变了人们的生活，但人们对更高性能移动通信的追求从未停止。为了应对未来爆炸性的移动数据流量增长、海量的设备连接、不断涌现的各类新业务和应用场景，5G 应运而生。5G 将渗透到未来社会的各个领域，以用户为中心构建全方位的信息生态系统。5G 与 4G 的技术指标对比如图 3－13 所示，5G 将使信息突破时空限制，提供极佳的交互体验，为用户带来身临其境的信息盛宴；5G 将拉近万物的距离，通过无缝融合的方式，便捷地实现人与万物的智能互联；5G 将为用户提供光纤般的接入速率，"零"时延的使用体验，千亿设备的连接能力，超高流量密度、超高连接数密度和超高移动性等多场景的一致服务，业务及用户感知的智能优化，同时为网络带来超百倍的能效提升和超百倍的比特成本降低，最终实现"信息随心至，万物触手及"的总体愿景。

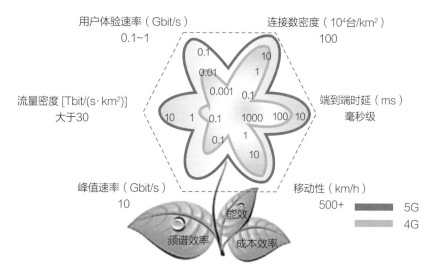

图 3－13　5G 与 4G 的技术指标对比

3.2.1 边缘数据速率

边缘数据速率指的是当用户处于系统边缘时，可能会遇到的最差传输速率，也就是数据的下限。又因为一般取传输速率最差的 5% 的用户作为衡量边缘数据速率的标准，故边缘数据速率又称为 5% 速率。对于该指标，5G 的目标是 100Mbit/s ~ 1Gbit/s，这一指标比 4G 典型的 1Mbit/s 边缘数据速率要求至少提高了 100 倍。

3.2.2 时延

每项技术都有自己的瓶颈，4G 从诞生伊始已经注定了其时延的下限，而这个下限如今也已经被触摸到了。ITU 在关于 IMT – 2020 系统的设计最小需求中明确提出空口时延应该为 1ms。5G 从系统设计之初就将网络时间延迟的特性考虑了进来，也采用用户面时延进行定义，对于 URLLC 来说，用户面时延的目标值为上下行各 0.5ms；对于 eMBB 来说，用户面时延的目标值为上下行各 4ms。

无线空中接口双向传输时延从 4G 的 20 多毫秒减少至 5G 的 1ms，空口时延仅约一眨眼时间的百分之一，成为 5G 需求的一部分，其适用的范围是 URLLC。URLLC 超低的时延和超高可靠的通信可支持对时延和可靠性要求极高的行业应用，比如智能工厂、远程手术、自动驾驶等。

3.2.3 连接数密度

连接数密度定义为单位面积（每平方千米）上支持的在线设备总和。低功耗大连接场景主要面向智慧城市、环境监测、智能农业、森林防火等以传感和数据采集为目标的应用场景，具有小数据包、低功耗、海量连接等特点。这类终端分布范围广、数量众多。该场景下，连接数密度为 100 万台/km²，即每平方千米支持 100 万台设备连接，而且还要保证终端的超低功耗和超低成本。

3.2.4 移动性

移动性历来都是移动通信系统的重要性能指标，是指满足一定性能要求时，收发双方间的最大相对移动速度（km/h）。5G 移动通信系统需要支持飞机、高速公路、高铁等超高速移动场景，满足 500km/h 以上的移动性，同时也需要支持数据采集、工业控制低速移动或非移动场景。因此，5G 移动通信系统的设计需要支持更广泛的移动性。

3.2.5 频谱效率

频谱效率是指每小区或单位面积内单位频谱资源提供的吞吐量。

5G 系统中，由于采用了大规模天线、增强型波束赋形、增强型小区间干扰消除技术以及多载波技术，因此可以有效提升小区频谱效率。具体来说，5G 系统相比 4G 系统频谱效率提高了 5 ~ 15 倍。

由于 5G 频谱效率成倍提升，使每比特成本成倍下降，5G 网络的资费肯定会变得越来越便宜。目前已有国内厂家的 5G 实现了 25 倍于 4G 的每比特能效，带来极低能耗。

3.3 5G 的三大应用场景

5G 在移动通信领域是革命性的，如果说以前的移动通信只是改变了人们的通信方式和社交方式，那么 5G 则是改变了网络社会。eMMB、URLLC、mMTC 三大应用场景并非指三种不同的网络，而是指 5G 将采用网络切片等方式，使一张网络同时为不同的用户提供服务。也就是说，技术标准只有 5G 一种，它是整合了多种关键技术于一身的、真正意义上的融合网络。这三大应用场景中只有一个是主要为人联网服务的，另外两个都是主要为物联网服务的。这就给 5G 做了一个定性——它的物联网属性要强于人联网属性。

3.3.1　eMBB

eMBB 主要服务于消费互联网的需求，集中表现为超高的数据传输速率、广覆盖下的移动性保证等，最直观的体验就是极致的网速，可以满足未来更多的应用对移动网速的需求。从 eMBB 层面上来说，它是原来移动网络的升级，强调的是网络的带宽（速率）。因此，eMBB 将是 5G 发展初期面向个人消费市场的核心应用场景。

3.3.2　URLLC

URLLC 主要服务于物联网场景。在这类场景下，对网络的时延有很高的需求，连接时延要达到 1ms 级别，而且要支持高速移动（500km/h）情况下的高可靠性（99.999%）连接。这一场景更多面向车联网、工业控制、远程医疗等特殊应用，这类应用在未来的潜在价值极高，而且这些应用对安全性、可靠性有极高的要求。例如对于车联网应用，如果时延较长，网络无法在极短时间内对数据进行响应，就有可能发生严重的交通事故，甚至危害人身安全。

3.3.3　mMTC

mMTC 也服务于物联网场景。5G 强大的连接能力可以快速促进各垂直行业（智慧城市、智能家居、环境监测等）的深度融合，例如智能井盖、智能路灯、智能水表等。mMTC 场景支持单位面积内的大量终端同时接入。万物互联下，人们的生活方式也将发生颠覆性的变化。在这一场景下，数据速率较低且时延不敏感，可以连接覆盖生活的方方面面，终端成本更低，电池寿命更长且可靠性更高，能实现真正的万物互联。

3.4　5G 的核心技术

3.4.1　新型网络架构

传统蜂窝网络是以基站为中心的网络架构，这在 5G 中可能会发生变化。在 4G 及之前的移动网络中，网络主要服务于移动手机终端。而在 5G 时代，移动网络需要服务于各种类型和需求的终端设备。5G 的应用场景需要不同类型的网络，且在移动性、安全性、用户策略控制、时延和可靠性等方面有各不相同的要求，这使得 5G 网络的架构比 4G 网络更复杂。

新型网络架构基于云计算、SDN 和 NFV 等先进技术，可实现以设备（人或机器）为中心的更灵活、智能、高效和开放的 5G 新型网络。

1.5G RAN　（无线接入网）

5G 网络架构设计的总体思路是接入网设备集中化、协作化，大规模部署集中化无线接入网（Centralized RAN，C-RAN），在控制面信令处理方面可以极大减少信令交互时延，满足未来移动通信对低时延、高可靠性业务的需求，如图 3 - 14 所示。在业务层面，C-RAN 结构可以实现网络中的负荷分担，缓解部分场景中存在的话务潮汐分布对网络资源的消耗，实现网络资源的最大化利用。面向 5G，基于集中单元（Centralized Unit，CU）/分布单元（Distribute Unit，DU）的两级架构也已经被业界所认可，这一网络架构与无线云化的结合，构成了 5G C-RAN 的两个基本要素。5G C-RAN 网络部署相较于 4G 网络架构，其接入网的 BBU（基础处理单元）的非实时部分分割出来，重新定义为 CU，负责处理非实时协议和服务；BBU 的部分物理层处理功能与原 RRU（射频拉远单元）及无源天线合并为 AAU（有源天线单元）；BBU 的剩余功能重新定义为 DU，负责处理物理层协议和实时服务，如图 3 - 15 所示。

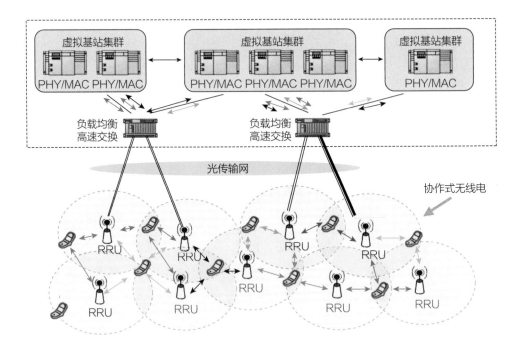

图 3 - 14　5G C-RAN 网络部署

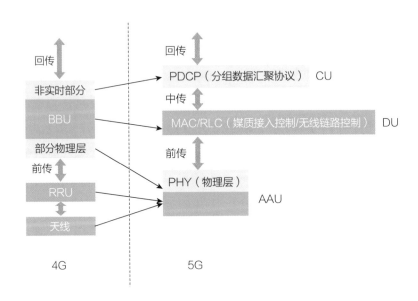

图 3 - 15　5G C-RAN 网络部署与 4G 网络架构的对应关系

2. 承载网关键技术 SDN

软件定义网络（Software Defined Networking，SDN）的核心思路是将控制面和数据面相分离，实现网络智能化。传统网络架构与 SDN 网络架构对比如图 3-16 所示。SDN 网络就是在网络之上建立了一个 SDN 控制器节点，统一管理和控制下层设备的数据转发。所有下级节点的管理功能被剥离（交给了SDN 控制器），只剩下转发功能。SDN 控制下的网络变得更加简单。对于上层应用来说，即使网络再复杂，也是不可见的。管理者只需要像配置软件程序一样进行简单部署，就可以让网络实现新的路由转发策略。如果是传统网络，每个网络设备都需要单独配置。采用 SDN 之后，整个数据网络的灵活性和可扩展性大大增加。相较于原有网络中的专有芯片、专有架构及专有设备，网络中使用的设备多为商用化、通用化的路由器和交换机，并能实现控制面的编程。

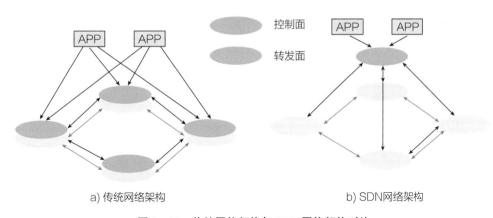

a) 传统网络架构　　　　　　　　　　b) SDN网络架构

图 3-16　传统网络架构与 SDN 网络架构对比

3. 核心网关键技术 NFV

网络功能虚拟化（Network Function Virtualization，NFV）的核心思路是将网络设备功能（如核心网中的 MME，S-GW、P-GW、PCRE、DU 等）从网络硬件中解耦，通过软件在通用商用服务器实现电信网络硬件设备功能以及数据面可编程。采用 NFV 技术，将通信设备网元云化，可以实现软件和硬件的彻底解耦。运营商不再需要购买厂商制造的专用硬件设备，大幅降低了硬件资金投入。NFV

还具备自动部署、弹性伸缩、故障隔离和自愈等优点，可以大幅提升网络运维效率，降低风险和能耗。

与传统的网络相比，NFV网络具有以下3个明显的特征：

1）基础硬件平台的可编程化。为实现与业务无关的资源池化能力，计算、存储及转发设备应当在保证性能的前提下，提供可编程的逻辑内核和易于调用的应用接口。可编程硬件设备将逐步替代传统专用硬件，实施过程则依赖于网元节点的功能属性、性能要求、成本等多种因素的综合影响。

2）基础硬件之上将加载虚拟化和云计算平台软件。云平台软件既对计算、存储和网络设备等资源进行调度和管理，又为上层业务显示提供一个开放的运行环境。因此，这就要求云平台软件具备高度的开放性，不仅能够支持多种共存的异构网络环境，而且可提供健康的生态系统。

3）NFV架构将硬件、中间件与软件实现解耦，因此，各类上层业务和功能作为软件模块能够进行灵活的集成与部署。

NFV网络具备敏捷、灵活、成本效益高、可拓展和安全的特点，可以轻松快速地部署网络并完成预配置，快速适应用户不断变化的新需求，不局限于原有的网络架构。NFV允许用户在其网络上安全地运行自己的虚拟空间和防火墙，满足用户独特的安全性需求。

同当前的网络架构（独立的业务网络＋OSS）相比，NFV分别从网络的横向和纵向进行解构。NFV标准架构如图3-17所示。

从横向看，NFV架构可以分为业务网络（Network Service，NS）域和管理编排（Management and Orchestration，MANO）域两个域。其中，MANO域作为NFV相较于传统网络新增的功能，负责对整个网络服务过程进行管理和编排，将网络服务从业务层到资源层自上而下分解。

从纵向看，NFV架构的NS域自下而上可以分为三层，即基础设施层（NFVI）、虚拟网络层（VNF）和运营支撑层。

1）NFVI是用来部署和执行VNF的一组资源，通过对底层计算、存储、网络等物理资源进行虚拟化，实现对VNF所需各元素的物理承载。在NFV网络中，多个虚拟化网络功能实体以VM（虚拟机）的形式共享物理硬件，使原有大部分

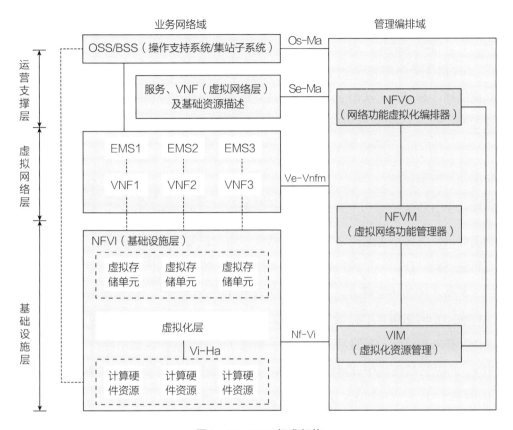

图 3－17　NFV 标准架构

物理组件被 VM 替代。

2）VNF 作为 NFV 架构中的虚拟网络功能单元，可以理解为对电信网络中现有物理网元进行功能虚拟化的过程，它以软件模块的形式部署在 NFVI 提供的虚拟资源上，从而实现网络功能的虚拟化。

3）运营支撑层就是目前的 OSS/BSS，一方面是实现传统的网络管理功能，另一方面是在虚拟化核心网环境中与 NFVO 交互完成网络的操作、维护功能。

SDN 和 NFV 技术使得原有电信网络架构出现革命性变化，各种专业网元设备由原来的专用设备向通用化、商用化转变，极大地降低了网络建设复杂程度，网络的灵活性得到极大加强。NFV 主要应用于核心网和接入网，SDN 则主要应用于承载网。SDN 的设计思路其实和 NFV 一样，都是通过解耦来实现系统灵活性的提升。NFV 是软硬件解耦，而 SDN 是控制面和转发面解耦，它们的目的只有一个，就是灵活化。而灵活化的目的，就是服务于网络切片。

5G 网络架构采用革命性架构设计，接入层通过引入 CU/DU 功能实体大规模降低网络处理时延，从而满足低时延高可靠业务、高速数据业务的需求；核心网通过网络切片实现各业务场景功能分区，实现各业务场景的功能需求。

3.4.2 网络切片

什么是网络切片？最简单的理解，就是将一个物理网络切割成多个虚拟的端到端的网络，每个虚拟网络之间，包括网络内的设备、接入、传输和核心网，是逻辑独立的，任何一个虚拟网络发生故障都不会影响到其他虚拟网络。每个虚拟网络具备不同的功能特点，面向不同的需求和服务。

在一个网络切片中，至少可分为无线网子切片管理功能、承载网子切片管理功能和核心网子切片管理功能三部分，如图 3 - 18 所示。网络切片技术的核心是 NFV，即从传统网络中分离出硬件和软件部分，硬件由统一的服务器部署，软件由不同的 NF（网络功能）承担，从而实现灵活组装业务的需求。网络切片是基于逻辑的概念，是对资源进行的重组，重组是根据 SLA（服务等级协议）为特定的通信服务类型选定所需要的 VM 和物理资源。

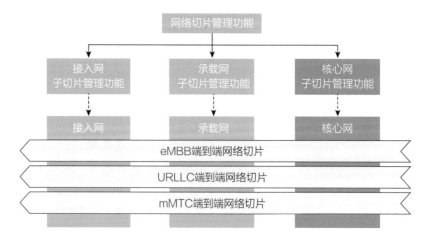

图 3 - 18　网络切片

3.4.3 全频谱接入

全频谱接入是 5G 的核心技术之一，是指通过有效利用各类频谱资源来有效缓解 5G 网络频谱资源巨大需求的技术。

无线频谱从低频到高频跨度很大，且分布碎片化，干扰复杂。5G 需要灵活高效地利用各类频谱，包括对称和非对称频段、重用频谱和新频谱、低频段和高频段、授权和非授权频段等。

全频谱接入涉及低于 6GHz 的低频段和 6GHz 以上的高频段。低频段是 5G 的核心频段，用于无缝覆盖；高频段作为辅助频段，用于热点区域的速率提升。全频谱接入采用低频和高频混合组网，充分挖掘二者的优势，共同满足 5G 无缝覆盖、高速率、大容量等需求。在高低频混合组网中，如图 3 - 19 所示，采用了控制面与数据面分离的技术，当终端处于热点区域时，由低频蜂窝网络负责控制面数据的传输，高频蜂窝网络则负责数据面数据的传输。而当终端处于无高频基站覆盖的非热点区域时，控制面和数据面数据的传输都通过低频蜂窝网络负责。利用高低频混合组网技术可以有效解决热点区域的速率和流量需求，同时通过低频基站进行广覆盖可以减少基站的数量，减少布网成本。

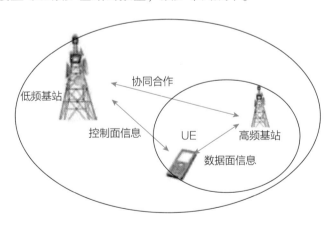

图 3 - 19　高低频混合组网

考虑高频段传播特性与 6GHz 以下频段有明显不同，全频谱接入重点研究高频段在移动通信中应用的关键技术。目前，业界统一的认识是研究 6 ~ 100GHz 频段，该频段拥有丰富的空闲频谱资源，可有效满足未来 5G 对更高容量和速率的需求，支持 10Gbit/s 以上的用户传输速率。

作为低频蜂窝空口的补充，高频空口将主要部署在室内外热点区域，用以提供高速率的数据业务。利用高频通信的窄波束和小覆盖的特点，可用于 D2D（设备到设备）、车载雷达等新型无线应用通信场景。

3.4.4 Massive MIMO

Massive MIMO（大规模天线技术，亦称为 Large Scale MIMO）是 5G 中提高系统容量和频谱利用率的关键技术。多天线技术经历了从无源到有源，从 2D（二维）到 3D（三维），从高阶 MIMO 到大规模阵列的发展，有望实现频谱效率提升数十倍甚至更高，是目前 5G 技术重要的研究方向之一。

可以从两个方面来理解：

- Massive MIMO 天线数。传统的 TDD（时分双工）网络的天线基本是 2 天线、4 天线或 8 天线，而 Massive MIMO 指的是天线数达到 64、128、256 个。
- 信号覆盖的维度。传统的 MIMO 称为 2D-MIMO，以 8 天线为例，实际信号在做覆盖时，只能在水平方向移动，垂直方向是不动的，信号类似一个平面发射出去，而 Massive MIMO 是信号水平维度空间基础上引入垂直维度的空域进行利用，信号的辐射状是一束电磁波束，所以 Massive MIMO 也称为 3D-MIMO。2D-MIMO 和 3D-MIMO 对比如图 3 - 20 所示。

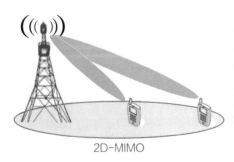

2D-MIMO　　　　　　　　　　3D-MIMO

图 3 - 20　2D-MIMO 和 3D-MIMO 对比

Massive MIMO 之所以成为 5G 无线的关键技术，是因为该技术具有诸多优点：

（1）高复用增益和分集增益　Massive MIMO 系统的空间分辨率与现有 MIMO 系统相比显著提高，它能深度挖掘空间维度资源，使得基站覆盖范围内的多个用户在同一时频资源上利用 Massive MIMO 提供的空间自由度与基站同时进行通信，提升频谱资源在多个用户之间的复用能力，从而在不需要增加基站密度和带宽的条件下大幅度提高频谱效率。

（2）高能量效率　Massive MIMO 系统可形成更窄的波束，集中辐射于更小的空间区域内，从而使基站与 UE 之间的射频传输链路上的能量效率更高，减少基站发射功率损耗，是构建未来高能效绿色宽带无线通信系统的重要技术。

（3）高空间分辨率　Massive MIMO 系统具有更好的鲁棒性能。由于天线数目远大于 UE 数目，系统具有很高的空间自由度，系统具有很强的抗干扰能力。当基站天线数目趋于无穷时，加性高斯白噪声和瑞利衰落等负面影响全都可以忽略不计。

从数学原理上来讲，当空间传输信道所映射的空间维度趋向于极限大时，两两空间信道就会趋向于正交，从而可以对空间信道进行区分，大幅降低干扰。虽然理论上看，天线数越多越好，系统容量也会成倍提升，但是要考虑系统实现的代价等多方面因素，因此现阶段的天线最大为 256 个。

目前，研究人员正在针对大规模天线信道测量与建模、阵列设计与校准、导频信道、码本及反馈机制等问题进行研究，未来将支持更多的 SDMA（用户空分多址），显著降低发射功率，实现绿色节能，提升覆盖能力。

3.4.5　mmWave

毫米波（Millimeter Wave，mmWave）通常指波长在 1～10mm 的电磁波，就是以往常说的极高频段（Extremely High Frequency，EHF），通常对应于 30～300GHz 之间的无线电频谱。

根据香农定理，信道容量与通信带宽成正比，可见挖掘更大的传输带宽对提升无线通信容量至关重要。然而，目前无线通信广泛使用的是 6GHz 以下的中、低频段，尤其是 3GHz 以下频段，但此类频段上的无线电业务繁多，频谱资源匮乏。此外，静态的频谱划分规则又导致可用频谱呈现严重的碎片化和零散化，使得通信带宽严重受限。而在高频段（如毫米波、厘米波频段）可用频谱资源丰富，能够有效缓解频谱资源紧张的现状，可以实现极高速短距离通信，支持 5G 容量和传输速率等方面的需求。为了拓展通信带宽，学术界和工业界逐渐将研究的重点放在毫米波频段。超高的通信带宽可助力 5G 通信实现 10Gbit/s 的高速宽带通信。

毫米波也具有一定局限性，例如传输距离极为有限，并且由于该频段的绕射能力较弱，容易被障碍物阻挡。因此，毫米波通常只适应于视距传输的场景，例如近距离点到点通信。5G 中辐射范围较广的信号传输仍然需要 6GHz 以下频段完成，所以未来通信需要毫米波和 6GHz 以下频段配合实现。虽然毫米波信号衰减大的特性导致毫米波的应用受阻，不过 5G 中的 Massive MIMO 却能和毫米波技术相互成全。毫米波的波长较短，在 Massive MIMO 系统中可以在基站端实现大规模天线阵列的设计，从而使毫米波应用结合在波束成形技术上，从而可以有效地提升天线增益，弥补毫米波的信号衰减；毫米波可以降低天线阵列尺寸，使得 Massive MIMO 的部署成为可能。所以，毫米波和 Massive MIMO 这两个技术相辅相成，是 5G 物理层的两个关键技术。

3.4.6　M2M

M2M 是"Machine to Machine（机器对机器通信）"或者"Man to Machine（人对机器通信）"的简称，主要是指通过通信网络传递信息从而实现机器对机器或人对机器的数据交换，也就是通过通信网络实现机器之间互联、互通。而移动通信网络由于其网络的特殊性，终端侧不需要人工布线、可以提供移动性支撑，有利于节约成本，并可以满足在危险环境下的通信需求，使得以移动通信网络作为承载的 M2M 服务得到了业界的广泛关注。

M2M 数据业务比较单一，多是周期性小包用户低速或者不移动而且对业务的时延容忍比较大，主要应用在智能家居、智能电网、环境监测、智能农业和智能抄表等业务，需要网络支持海量设备连接和大量小数据包频发。另外，大量物联网设备会部署在山区、森林、水域等偏远地区以及室内角落、地下室、隧道等信号难以到达的区域，因此要求移动通信网络的覆盖能力要进一步增强。为了渗透到更多的物联网业务中，5G 应具备更强的灵活性和可扩展性，以适应海量的设备连接和多样化的用户需求。

3GPP 早在 2005 年 9 月就开展了移动通信系统支持物联网应用的可行性研究，正式研究于 R10 阶段启动。M2M 在 3GPP 内对应的名称为机器类型通信（Machine-Type Communication，MTC）。3GPP 现阶段对物联网提出了一系列举措，其中最重要的是提出了通过 NB-IoT 技术和 eMTC 技术来支持 5G 通信的 mMTC 应用，主要面向低速率、超低成本、低功耗、广深覆盖和大连接需求的物联网业务，降低了设备的成本与复杂度，改善了通信服务覆盖距离与信号穿透性，减少了设备侧的功耗，延长了电池寿命。

M2M 产业涵盖了将各种信息传感设备与互联网结合起来从而使所有的物品与网络连接，形成物联网，并提供智能识别、交互式处理和网络化管理的全部产品和服务形态。具体而言，M2M 产业链可细分为标识、感知、处理和信息传送 4 个环节，关键技术包括识别、传感、计算、芯片和用于交互的无线通信基础设施。在这个全新产业中，我国的技术研发水平处于世界前列，已拥有从材料、技术、器件、系统到网络的相对完整产业链。在世界范围内，我国与欧美日韩一起，正逐渐成为国际标准制定的主导力量。

第 4 章

热火朝天的智慧城市建设

智慧城市建设已经成为席卷全球的热潮，作者对网络上发布的智慧城市案例进行收集和整理，挑选了世界各国智慧城市建设案例中比较有代表性的案例在本章进行介绍，以使读者能够快速了解国际上各地区的智慧城市建设发展情况。

4.1　美国

美国智慧城市发展状况整体较为均衡。2015 年 9 月白宫提出智慧城市计划，提供了一系列的资金扶持，同时举办了各类相关活动，鼓励全国积极参与到智慧城市的发展建设中来。政府同时大力支持智慧城市与私营公司和高等教育院校之间的合作和知识共享。

2016 年，HIS Markit 咨询公司联合美国市长联盟就美国智慧城市发展状态进行深入调研，研究对象包括美国 28 个州的 54 个城市，对它们在 2015—2017 年之间正在实施以及规划实施的智慧城市项目进行统计。在 335 个智慧城市实施项目中，大城市有 69 个，中等城市有 168 个，小城镇有 98 个；459 个智慧城市规划项目中，大城市有 103 个，中等城市有 225 个，小城市有 131 个。在智慧城市实施和规划项目中，交通运输项目是规划项目的重中之重。美国智慧城市项目的前两大目标是提高公民满意度和政府应对能力。满足老龄化人口需求和创造就业需求被视为智慧城市项目发展中优先级别较低的事项。

4.1.1　迪比克

美国中西部爱荷华州的迪比克市风景秀丽，密西西比河贯穿城区，是美国最为宜居的城市之一。迪比克希望实现经济繁荣，维护优美环境，保持社会和文化活力，为后代创造可持续的物质和文化遗产。2009 年，"智慧可持续型城市（SSD）"这一项目产生。该项目由迪比克市政府与 IBM 合作建立，迪比克从而成为美国第一个智慧城市。

迪比克以建设智慧城市为目标，利用互联网、计算机、传感器、软件等一套智能系统，将城市的所有资源（水、电、油、气、交通、公共服务等）连接起来，侦测、分析和整合各种数据，进而智能化地响应市民的需求并降低城市的能耗和成本，使迪比克市更适合居住和商业发展。

SSD 项目包含多个试点工程。迪比克市安装数控水电计量器到户、到店，智能水电计量器中使用了低流量传感器技术，防止公共设施和民宅水电泄漏，减少浪费。同时搭建实时可持续发展综合监督平台，及时对数据进行分析、整合和展示，为市民提供一种通过识别日常水使用模式来检测水泄漏的方法，智能地管理他们的水资源。经过 15 周的试验，居民认识到这些易用的工具通过改变水使用模式，可以大幅节省水资源，在一般的家庭中，用水量下降了 6.6%，漏水检测率也显著增加。

通过密切协调与当地的电力企业 Alliant 能源的合作，迪比克市提供更加智能化的基础设施进行数据采集（见图 4-1），深入了解用户使用模式，实现电力消费决策。能源试点项目（部署于 1000 个迪比克家庭）通过智能电表收集的信息，并把它用于云计算，市民可以通过互动门户网站查看，以尽量减少在高峰使用时段的用电。这些家庭采用该方案之后，已经减少了他们 11% 的用电量。

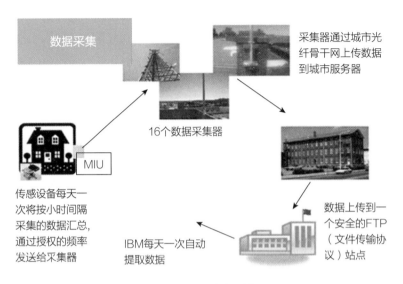

图 4 – 1 数据采集

　　SSD 项目试点工程的成功促使 IBM 公司的首创项目（FOAK）为 SSD 项目投资 100 万美元，以获得与迪比克共同研究和实施智能公交试点计划的许可。这项创新的研究旨在追踪市民在城市内的交通情况并研究市民的交通选择是否与其他交通模式和实时路况有所关联。为了实现这一目标，全市开始与 IBM 研究公司合作分析数据，并决定采用 RFID 技术追踪现有公交路线中的载客量。数百名乘客作为志愿者，将标签带到公交车上，读取乘客上下车的地点、时间等数据。这些数据有助于更好地规划交通路线，对于公共交通系统的管理者们，通过分析数据可以有效地提高公交系统的服务水平。

　　SSD 项目的可持续发展实践和政策对当地、爱荷华州、全国乃至世界的影响不断增加。"智能交通"已经由迪比克的交通系统扩展到爱荷华州和美国运输部的交通系统，IBM 为 SSD 项目所做的研究对世界各国都有一定的参考价值。

4.1.2　纽约

　　21 世纪初，纽约提出旨在促进城市信息基础设施建设、提高公共服务水平的"智慧城市"计划，并于 2009 年启动"城市互联"行动。纽约市政府的举措主要体现在以下三个方面：

（1）社会公共服务应用　2005 年，纽约市启动电子健康记录系统，并于 2009 年由美国联邦政府与纽约市健康和心理卫生局共同推进该系统的建设和升级。目前，纽约市各大医院和社区医疗保健机构普遍采用全套电子病历系统，该系统极大地方便了医生调档会诊，提高了治疗的准确性。与此同时，建立网上医疗信息交换系统，促进了系统之间医疗信息交换和共享。开发移动医疗应用程序，为居民提供随时随地的医疗健康服务。随着信息技术在医疗领域的深入应用，电子医疗已经成为纽约吸引人才和创造就业的关键领域之一。

（2）城市建设管理应用　纽约市智慧交通的建设始于 20 世纪末，目前已建成一套智能化、覆盖全市的智慧交通信息系统，成为全美最发达的公共运输系统之一。纽约智能交通信息服务系统可以即时跟踪、监测全市所有交通状态的动态变化，机动车驾驶者可以根据信息系统发布的交通拥堵和绕行最佳路线的信息选择行驶路线，政府部门也可根据后台智能监控系统提供的路况信息进行交通疏通处理。纽约在全市范围内广泛推行 E-Zpass 电子不停车收费系统，这种收费系统每车收费耗时不到 2s，而收费通道的通行能力是人工收费通道的 5 ~ 10 倍。除了智慧交通，近年来纽约市政府对下水道系统进行了一系列维修改造。建立全市下水道电子地图，清晰显示市内下水管道和相关设施，方便施工人员的下水道清淤等作业活动。通过在下水道井盖下方安装电子监视器，对水流、水质、堵塞等情况不间断监测，当下水道堵塞水流水位高于警戒线时，监视器就会自动发出警报，工作人员根据监视器发回的信息及时采取相应措施，最大限度地预防灾害的发生，进一步提高了全市下水道的运行能力。

（3）电子政务应用　纽约市通过《开放数据法案》将各部门所有已对公众开放的数据纳入统一的网络入口，以便于使用的形式在互联网上开放。这些数据主要是涉及人口统计信息、用电量、犯罪记录、中小学教学评估、交通、小区噪声指标、停车位信息、住房租售和旅游景点汇总等与公众生活密切相关的信息，同时也包括饭店卫生检查、注册公司基本信息等与商业密切相关的数据。同时，改造升级政府部门的电子邮件系统，并建立"纽约市商业快递"网站，进一步提高政府工作效率和服务水平。

4.1.3 芝加哥

在世界智慧城市排名中，芝加哥位居第八位，排在伦敦、纽约和巴塞罗那等城市之后。

芝加哥正在实施以数据为中心的战略，目的是为政府和居民创建更加智能的基础设施和资源，从而使芝加哥成为智慧城市的全球领导者。芝加哥正在采用诸如"芝加哥招商局""物联网""智慧出行"等举措，力求将芝加哥变得更加智慧、绿色，并让居民拥有更好的生活质量。

芝加哥将大部分精力集中在智能化和高度可用的数据上。其"智慧城市"倡议背后的公司 AT&T 正计划进行大规模的数据驱动基础设施检修与安装。工作完成后，全城的物联网传感器将连接成完整的系统，为城市提供丰富的数据。借助这些信息，就能打造出更智能的解决方案以改善生活质量。

这些解决方案包括：

（1）更智能的基础设施　嵌入在基础设施中的智能传感器可以对设备故障进行检测，例如泄漏的管道和损坏的路灯。该系统还可以通知城市维护办公室，并让他们获知损坏设备位于何处，以便派出维修人员。这种方法不仅更智能，而且成本更低，因为办公室不再需要派出巡逻队去寻找到底哪个灯泡需要更换了。

（2）更智能的政府资源　现在的芝加哥已经在使用预测分析法应对挑战并改善服务了。市政工作者可以使用此数据来检测湖泊污染和啮齿动物的暴发，以预测对餐馆和环境的危害，例如确定检查的优先级。

（3）更智能的市民资源　AT&T 还计划让芝加哥居民自由访问各类数据。居民可以使用这些数据查找有关城市社区的信息，并创建有关城市的地图和图表。智慧应用也能使用传感器收集的数据。举例来说，一款应用可以跟踪空气质量，并通知特定社区的居民其所在地区的空气质量差。

（4）物联网　2016 年，芝加哥赶上"物联网"大潮，在全市的灯柱上安装了搭载智能传感器的盒子，传感器能收集并跟踪芝加哥周围的实时环境数据和城市活动。与其他城市的物联网项目不同，芝加哥的规模要大得多。不过，他们依然不满足。2016 年以来，芝加哥的物联网项目规模不断扩大，他们计划在芝加哥市中心再安装 500 个防盗防损的智能传感器盒子，盒子里配备了 15 个传感器，1 台计算机，2 个摄像头，1 个麦克风和 1 个冷却解决方案。物联网系统采集的所有数据都是开放的，因此任何人都可以访问和使用它。芝加哥物联网项目采集的数据可用于测量各种环境因素，例如气候、空气质量和噪声等。

除了物联网项目，芝加哥还有一份更加详细的科技路线图，共囊括了 28 项举措，其中主要的 4 项如下：

1）智慧照明。芝加哥智慧照明项目也是一项重大计划，旨在用配备传感器的新型节能 LED 路灯替换现有的 27 万个过时灯柱。用上节能的 LED 灯泡可提供更好的照明，从而提高夜间视野和安全性，同时降低成本。

2）智慧互联网。光纤网络与云上芝加哥。芝加哥计划部署一套覆盖全市且具有千兆速度的光纤网络，以吸引科技公司入驻。该市还正在建设"云上芝加哥"，以使用先进的硬件和数据管理软件整合其数据中心。

3）智慧出行。借助智慧出行，人们可以享用数据、应用与服务的无缝整合，方便查找餐馆和商店等本地场所，还可以绘制更安全的步行路线和自行车道。芝加哥还要借助智慧城市技术根据需求调整停车价格，并引导人们到达最佳停车位。借助公交信号优先系统，芝加哥公交管理局可以在公交驶近交叉路口时调整交通信号灯，可以将交通信号灯直接切换为绿灯（甚至延长绿灯时间），方便公交车通行。

4）芝加哥的开放数据入口。芝加哥的开放数据门户网站是有关芝加哥市的信息数据库。开放数据门户会经常更新，以改善芝加哥居民的生活质量。借助该开放数据门户，居民可以找到关于其所住社区的信息，同时还能创建并下载地图和图表以分析有关这座城市的信息。

4.1.4 西雅图

西雅图政府与微软公司合作启动了"高效能屋宇计划"，推动智能大厦技术发展，实时监测楼宇能源效益，通过调节高峰期能量消耗等方法控制开支和减低碳排放。

此外，西雅图市正在与华盛顿大学合作，解决一系列城市挑战，从地震防备、交通到减少碳排放，这些都是重点领域。该市一直在使用分析技术来减少大约 45% 的建筑物中的碳排放。西雅图还建立了一个自适应交通管理系统，使交通灯能够根据不断变化的道路和天气状况调整色温和亮度。

4.2 欧洲

欧洲智慧城市建设始于 2000 年，2000—2005 年欧洲实施了"电子欧洲"行动计划，2006—2010 年完成了第三阶段的信息社会发展战略。基于这两项行动，欧洲各个城市开始深入智慧城市项目的实践。欧洲智慧城市建设提出"以人为本"的核心理念，从市民需求出发，重视城市文化特色及可持续发展，以新兴的科学技术手段作为辅助，建设城市智能基础网络，通过信息的融合分析提供智能服务，协调并统筹城市各个系统与经济发展、城市管理和公共服务紧密结合，优化城市管理决策、创新技术，扩展产业空间，提高城市居民生活品质。公众广泛参与的"自下而上"与政府管理决策的"自上而下"相结合，综合信息反馈机制，推动城市建设与社会高度融合，使得经济社会发展更加智能化，实现发展的可持续性。

欧洲智慧城市发展主要可以概括为 3 大元素以及 6 个主题。3 大元素分别为技术因素、体制因素以及人的因素；6 个主题包括智慧治理、智慧经济、智慧移动性、智慧环境、智慧公众和智慧生活。

同我国相比，欧洲的智慧城市发展和建设均相对成熟，其环境、社会与经济的可持续发展与智慧城市共同建设发展的机制和方法体系值得借鉴。

4.2.1 阿姆斯特丹

荷兰首都阿姆斯特丹无疑是欧洲智慧城市建设的典范，也是世界上最早开始智能城市建设的城市之一，其智能城市建设主要体现在以下 4 个方面。

（1）可持续性生活　阿姆斯特丹是荷兰最大的城市，共有 40 多万户家庭，贡献了全国二氧化碳排放量的 1/3。为了改善环境问题，该市启动了两个项目："West Orange"项目和"Geuzenveld"项目。通过节能智慧化技术，降低二氧化碳排放量和能量消耗。Geuzenveld 项目的主要内容是为超过 700 多户家庭安装智慧电表和能源反馈显示设备，促进居民更关心自家的能源使用情况，学会确立家庭节能方案。而在 West Orange 项目中，500 户家庭试验性地安装使用一种新型能源管理系统，目的是节省 14% 的能源，同时减少等量的二氧化碳排放。

（2）可持续性工作　为了让众多的大厦资源得到高效合理的利用，阿姆斯特丹启动了智能大厦项目。智能大厦是在不给大厦的办公和住宿功能带来负面影响的前提下，将能源消耗减小到最低程度，同时在大楼能源使用的具体数据分析的基础上，电力系统更有效地运行。

（3）可持续性交通　阿姆斯特丹的移动交通工具包括轿车、公共汽车、货车和游船等，其二氧化碳排放量对该市的环境造成了较为严重的影响，为了有效解决这个问题，该市实施了能源码头项目，该项目通过在阿姆斯特丹港口的 73 个靠岸电站中配备了 154 个电源接入口，便于游船与货船充电，利用清洁能源发电取代原先污染较大的柴油发动机。

（4）可持续性公共空间　乌特勒支大街是位于阿姆斯特丹市中心的一条具有代表性的街道，狭窄、拥挤的街道两边满是咖啡馆和旅店，平时小型公共汽车和货车来回穿梭运送货物或者搬运垃圾时，经常造成交通拥堵。2009 年 6 月，该市启动了气候街道项目，用于改善之前的状况。

而上述所有项目，最终都与该政府在 2014 年启动的能源地图项目联系在一起，通过能源地图最终实现和管理。在欧洲，很多城市能源管理项目还停留在概念层面。一方面，城市运转形成了庞大的数据积累；另一方面，不同项目参与方却往往不知道具体可用哪些资源，而且缺乏相关数据来做出最佳决策。为了打破这种僵局，各相关方必须参与到城市相关数据的共享进程中来，开放城市数据接口是城市创新发展的前提，为此阿姆斯特丹市通过可交互的能源地图来实现能源生产和消费的数据开放。基于对这些数据的分析，可以回答此类问题，例如：某一社区有多大的能源需求？附近的工业园区产生了多少废热？太阳能或者风能的利用潜力有多大？如何将用户的能源需求和能源供应（尤其是可再生能源）匹配起来？

阿姆斯特丹市政府希望通过引入能源地图，增强市民对自己能源消费行为的敏感程度，并且促进可再生能源的消纳和利用。另外，工商业用户也可以借助地图辅助决策自己的能源利用方式，找到可再生能源和能源基础设施的位置。企业和组织可以根据这些关于能源利用效率和可再生能源生产的数据独立开发出新的产品和服务。

能源地图可以实现以下功能：

1）让所有城市利益相关者获得必要的城市数据。

2）决策辅助，从而制定出智能、协作的能源管理方案。

3）推动城市的能源转型。

4.2.2　哥本哈根

丹麦首都哥本哈根被认为是智慧城市的典型代表，该市将来自手机、公共汽车定位系统、下水道和公共垃圾桶中传感器的无线数据连接起来，旨在进行有效的废物管理和短途出行管理，以进一步减少城市的碳排放量。

1. 以开放创新发展智慧城市

哥本哈根超过50%市民以单车为通勤工具，其市内的单车数量更在2016年底正式超越汽车数量。哥本哈根市曾荣获欧盟委员会的最佳欧洲绿色首都，市政府不仅大力推动低碳节能政策，更计划于2025年达到碳中和，探究其政策推动与城市发展的脉络，通过发展智慧城市与创新解决方案是达成此目标的重要助力之一。哥本哈根市的智慧城市计划，以环境可持续发展与提升市民生活品质为目标，通过建设传感设备、信息共享平台、实验场所等提出解决城市问题的系统性创新做法，包含监测空气品质、舒缓交通阻塞、提升垃圾清运效率、广布无线网络等。

哥本哈根市的智慧城市计划成立协调委员会，协助政府部门、私人企业、研究机构共同执行。不同于过往官方主导计划的推动框架，参与智慧城市计划的企业与研究机构皆可负责推动，与政府部门形同伙伴关系，彼此之间以较弹性的运作模式应对快速变动的新科技。政府部门或是私人企业在提出解决方案的过程中，会邀请相关的市民与商业团体一同参与讨论，以开放的立场广纳各方意见，且解决方案还能够在市内进行实验，以验证未来在整个城市内实施的可行性。

2. 不怕创业家以城市为实验室

发展智慧城市不仅推进城市基础设施更新，同时带动社会思维与产业的升级发展，更是新创公司的创业机会。哥本哈根市能吸引科技新创公司投入智慧城市领域中，关键因素是政府部门提供市内街道或公众场所作为试验场所，且市民与政府部门不怕失败与勇于尝试的心态更是一大助力。

在哥本哈根解决方案实验室中，企业、研究机构、市民可以是信息的提供者，也可以是计划的实践者，借由紧密合作的伙伴关系，将解决方案付诸实行。解决方案实验室包含两个生活实验室——产品实验室、街道实验室。产品实验室结合工作坊与实验室功能，提供场所给不同专业背景与兴趣点的市民、新创或小型公司，通过彼此交流经验与技术，在传统工艺与现代科技的结合下，开发出适合当地与城市的产品原型。街道实验室是提供城市的道路空间测试创新方案，直接向大众展示这些技术应用的发展潜力。目前，街道实验室开放试验的位置就在市中心，包含市政厅广场和周边最繁忙的街道。街道试验从 2016 年开始，在基础的网络设施下，测试包含智慧停车、垃圾管理、空气品质、噪声监测和水管理等。例如，城市整体的空气品质数据大多依赖官方测量站内的昂贵仪器，而街道实验室的团队则欲借由较小且便宜的传感器，以更灵活的方式测量城市街道上的污染物颗粒、噪声与天气等。

哥本哈根市除了在小范围内提供无线传感技术的试验场所，另外一项绿波计划，更是大范围展现新技术有效解决城市发展面临的交通拥塞问题。该计划与 MIT（麻省理工学院）共同合作，通过路灯上的感应器，即时搜集路况与车流量信息，借此调整交通信号，减少骑单车者被红灯挡下的次数，且若民众可以保持 20km/h 的骑行速度，则可在不间断的绿灯下一路畅通。市内的公共自行车已发展多年，近年更推出配备平板计算机的公共租赁自行车"Gobike"，通过多功能屏幕，使用者可查询周边的交通状况、规划路线、回报状况以及实现智慧锁车等。市政府与 MIT 合作开发"哥本哈根车轮",不仅让现有自行车的普通车轮可以改装为备有电池与电动机的电动车轮,同时车轮装设有感应器与无线传输功能,能够侦测及记录道路平整状况与车流路况回报给相关单位,且速度可达 25km/h 并可持续行驶 50km,适合远距离或多坡道的路段,将自行车打造成更贴近机动车行车效率的交通工具。哥本哈根市借由升级基础设施维持交通顺畅,以智慧化交通系统大幅缩短市民的通勤时间,并通过友善骑乘自行车的道路设计与加强行为诱因,让市民更愿意选择自行车作为交通工具,带领城市达到节能目标。

3. 运用信息数据平台创造更大价值

在推动智慧城市过程中,如何善用庞大数据与资料,是提升发展效率的关键之一,而随着推动的进程,哥本哈根市提供三个不同功能取向的信息流平台:Open data(开放数据)、IoT Platform for Cities(面向城市物联网平台)、City Data Exchange(城市数据交换)。Open data 是开放城市基础数据资料的平台,如交通流量、基础设施、道路施工的地点,甚至是文化活动的资料也能够在此平台查询。2014 年哥本哈根市以"哥本哈根连接项目"推动城市大数据发展获得世界智慧城市奖项,借由手机、广布在垃圾桶与下水道的传感器,收集公众环境数据,协助市政府达到智慧城市目标,提供给市民与企业更好的生活与投资环境。而 IoT Platform for Cities 则是哥本哈根市于 2017 年展开的城市物联网平台项目,在欧盟"地平线 2020"计划支持下,与比利时安特卫普与芬兰赫尔辛基共同合作,通过实际验证建立平台原型,将不同来源的复杂数据标准化,提供城市间相互协作功能。

除了数据共享外,市政府也与日立公司合作开发数据交换(City Data Exchange, CDE)平台,大中小型企业、新创公司、政府部门,甚至大专院校与一般民众皆可发布、交换与购买各类型数据,包含人口数据、能源消耗数据、空气品质、交通状况、犯罪统计和自行车使用数量等。通过 CDE 平台,公私部门的数据彼此交流,提升信息运用的频率与价值,不仅政府部门与大公司能够掌握更多有用数据创造加成效果,中小企业或新创公司也可通过资料获取,提出创新的城市解决方案，而普通大众更是能够直接参与推动大数据与智慧城市建设的过程，以共创、分享与合作迈向更优质的城市发展。

4.2.3　里昂

法国里昂大都会与日本首屈一指的能源智库 NEDO 合作进行智慧城市的试验计划——"里昂智慧社区"（见图 4 – 2）。

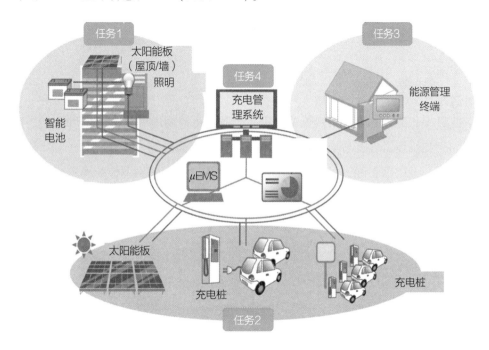

图 4 – 2　里昂智慧社区

4 个主要的试验项目如下：

（1）正能量建筑物　正能量建筑物是指再生能源供应的电力与能源超过自身能耗的建筑物。项目通过与开发商合作，在三栋相邻的办公室、住办混合、商业大型建筑群，导入太阳能发电与生物质热供热、建筑能源管理系统（BEMS）、能源可视化管理系统（HEMS）与节能设备等，营造成再生能源供应比能耗要多的建筑群。

（2）移动方式创新　移动方式创新即推广电动车共享制度，包含以太阳能作为电力来源的电动车充电基础设施（夏季再生能源占比为82%、秋季79%）、电动车共享制度、住商混合区中工作者与居住者移动需求互补的试验。

（3）住宅节能改造　应用线上能源监控系统，对该区1934年建成的公共住宅建筑中的275户进行节能改造。利用线上能源监控暨管理系统来收集电力消费的数据，提供居民节能建议并进行效果验证，试验期间每户节能8%，冬季甚至节能达到12%。

（4）社区管理系统　社区管理系统将上述三个项目的数据收集后，辅以气温、空气品质等数据，作为市政后续规划时的参考。

4.2.4　桑坦德

西班牙北部避暑胜地桑坦德是西班牙智慧城市计划进展最大的城市之一，该市正如火如荼地发展智慧城市计划——"智慧桑坦德"。

桑坦德全市已在静态标的（如停车场或大楼）及动态物体（如公车、计程车及垃圾清运车辆）安装近2万部传感器，搜集信息并传至管理服务器，进行分析及模式预测，如图4-3所示。

图4-3　智慧交通中的传感器分布

在动态物体上安装的传感器，可帮助桑坦德市深入了解城市各处的环境及交通情形。此外，为衡量交通拥堵程度，桑坦德市中心道路上安装有电子看板，驾驶人可于进入街道前，查看邻近停车场是否有空位，增进车位使用效率及减少车辆耗能，如图 4 - 4 所示；城市中的公共汽车站也安装了广告牌，显示公共汽车服务路线及到站时间。

图 4 - 4　电子看板显示停车场空位

在公共安全方面，桑坦德市政府安装了 157 个监视器，并由当地警方的控制中心统一管理，当地出租车亦安装了紧急按钮，一旦有交通事故发生，驾驶人可借此报告警方，桑坦德市民亦可通过手机 App 及时上传相关事故现场情形。

在环境与节能方面，桑坦德在全市的垃圾集中处理地点安装 3000 多个传感器搜集即时信息；在全市主要下水道，安装水压及水位传感器，市民也可通过手机 App 得知用水量、水质及水压等信息。

4.3　澳大利亚

4.3.1　墨尔本

墨尔本是澳大利亚第二大城市、维多利亚州的首府。墨尔本在进行智慧城市建设过程中由维多利亚州政府实施有导向的发展战略，建设过程中政府的参与程度较高。同时，墨尔本的智慧城市建设发展战略操作性较强，并对建设过程进行了全面考量和精心设计。

1. 墨尔本智慧城市建设的主题

墨尔本在智慧城市建设过程中着力于知识型经济与学习型社会所需要的网络化、虚拟化设施建设，通过成立 ICT（信息通信技术）专业协会、构建公共服务平台、投资社区和商务网络等实现数字化网络的信息共享。

2. 墨尔本智慧城市建设的战略远景

2010 年 3 月，墨尔本成立了 C40 城市生活工作室，用于绘制智慧城市建设蓝图。C40 城市生活工作室将智慧城市远景转化成战略，包括城市信息结构建设、城市信息建设以及资源检测系统建设。

3. 墨尔本智慧城市建设的实施平台

墨尔本的智慧城市建设包括以下方面：

（1）绿色基础设施建设　C40 城市生活工作室实施的 100 绿洲计划通过连接的传感器网络即时监测墨尔本绿色基础设施，通过数字化基础设施即时测量建设情况并清晰地揭示了墨尔本基础设施建设带来的价值。这些传感器不仅使用户有更好的体验，而且其便捷性与健全性使得这样一种即时测量方法能通过绿色基础设施的表现和影响力创造更好的城市生活。

（2）交通基础设施建设　智慧城市建设带来的新服务项目，包括交通分享和综合票务服务，使得管理部门能够基于智能卡获得居民在墨尔本生活的清晰数据，并交由研究者进行研究，进而使联网式智能设备具有即时定位功能和社交服务功能。

（3）即时城市处理模型　即时城市处理模型包括对市民、建筑、基础设施、环境条件、设计和计划进程等城市各个方面进行数据采集，即时向议会展示整合服务器提供的全部城市信息，并向内外部用户提供即时资料，接收反馈信息。该模型通过传感器获取城市本身和其他城市信息，并运用精确的信息进行预测。模型构成中通过"我的城市"这个部分来与市民接口进行信息互换，并获取反馈信息。

（4）一体化水资源管理　墨尔本通过有效运用资源管理信息系统对当地的水资源进行有效的全生命周期管理。资源管理信息系统基于顾客需求，对资源的表现和处理条件进行周期性评估，对所面临的风险进行有层次的控制，进而基于风险与价值做出弹性较好的决策。

4.3.2　悉尼

悉尼市公布的 2020 年悉尼智慧城市战略框架计划通过智能、道德和安全地使用数据和技术，并以智能基础设施为支撑，实现以下成果：

（1）支持互联互通和赋能社区　与社区共同设计并提供城市服务和设施，通过使用开放数据和创新的技能与工具，使社区能够做出更有效的决策。

积极进行数字革新，以促进创新生态系统，培养实验文化，提升悉尼对全球人才的吸引力。

（2）使环境面向未来，并加强环境恢复能力　有目的地利用数据来监测、预测和管理城市状况以及冲击和压力对城市和社区的影响。采用新技术，尽快在未来实现碳中和。

（3）培育充满活力的宜居之地　利用数据和技术帮助优化街道空间分配和优先考虑主动交通，改善规划、建设、维护基础设施、资产和系统的方式，并增强实际城市的体验。

（4）提供以客户为中心的高效服务　利用数据了解社区的需求和偏好，从而提供联动的、个性化的、有针对性的服务。采用智能技术和运营模式，提供社区期望的高效服务。

4.3.3　珀斯

珀斯是西澳大利亚州的首府，也是澳大利亚第四大城市，在每年的世界最佳居住城市评选中都是名列前茅。

珀斯于 2019 年启动了一项智慧城市创新计划，将围绕智能区域、智能灌溉、智能可持续性以及数据中心 4 个项目进行技术开发和硬件安装。

（1）智能区域　珀斯东部的智能辖区试验项目将使用基于 CCTV 的传感器来测量马塔盖洛普人行桥和 Optus 体育场周围的车辆和行人活动。这些数据将为珀斯市规划者、企业和该地区的居民提供有价值的信息以协助决策，并提升现有安全和保障措施的效率。

（2）智能灌溉　项目将使用智能控制器替换旧的传统灌溉系统，该智能控制器集成在珀斯市的现场管理系统中。新的灌溉传感器将利用天气预报和土壤湿度读数来自动调节浇水。

（3）智能可持续性　通过在珀斯部署一系列水和空气质量传感器，进一步加强对环境的监测。

（4）数据中心　将创建一个开放数据门户，在线发布汇总的数据。这些数据使用户能够将参考信息与他们自己的数据互通，以便对其业务做出明智的决策，并刺激珀斯的初创企业和技术领域的发展和创新。

这些智能城市项目旨在测试设备和智能技术在现实生活环境中的应用，最终普惠市民、企业和环境。

4.4　韩国

4.4.1　首尔

随着社会的发展，智慧城市成为每个城市未来的选择。"智能首尔 2015"计划于 2011 年 6 月推出，提出"利用大数据解决市民小烦恼"的口号，努力打造以人为本，以信息技术为基础的富有创造力的智慧城市。

（1）信息化基础设施　首尔市的网络系统由正在普及的公共免费无线网络、连接市政府与各区政府的专用政务网络以及监控探头网络三部分组成。2003 年建成"e-首尔网"行政光纤网络，并在 2011 年对该网络进行了升级，为了适应移动互联网技术的发展，开发一系列智能手机 App，其中以"智慧首尔地图"为代表，用户通过该 App 可以查询市区免费无线网络热点、图书馆以及行政信息等，同时推广建立在 NFC（近距离无线通信技术）基础上的支付系统。

（2）城市建设管理应用　在城市设施管理方面，利用无线传感器网络发回的信息，随时随地掌握道路、停车场、地下管网等设施的运行状态。在城市安全方面，利用红外摄像机和无线传感器网络，在监测火灾时突破人类视野限制，提高灾难监测自动化水平。在城市环境方面，智慧环境系统可自动将气象和交通信息发送到市民的移动终端，为市民提供生活服务。在城市交通方面，智慧交通系统可实现对公交信息和公共停车信息的管理，并智能地实现支持残障人士出行和交通信号控制（见图 4 - 5）。在城市生活方面，首尔街道和广场安装有生态友好的媒体显示屏，这种显示屏利用电子芯片，可以使 LED 的能耗降低 26.7%。

图 4 - 5　首尔市的 TOPIS 系统控制中心

（3）电子政务应用　为促进信息化技术的广泛应用，首尔市政府全力打造电子政府。开始通过社交网络服务施政，进一步提高了市政透明度和开放性。完善"市民参与预算制度""首尔市民规划参与团"等，力争使市民随时随地参与到市政预算使用、城市未来规划等各项政府机构事务中。首尔市行政审批、费用缴纳、各类证件办理等市政业务已全面实现移动终端查询办理。后续首尔政务领域建设的重点工作是扩大公共服务范围，实现电子政务服务"惠及所有人"，从而实现无差别、无歧视的信息化市政公共服务和高效率、智能化的政府工作。

4.4.2 釜山

釜山是韩国第一大港口和第二大城市，也是世界上最繁忙的港口之一，其成功发展智慧物流产业有目共睹。在2021年前，韩国将投入"智慧城市"示范项目建设经费，带动釜山智慧产业发展。韩国政府对于该项建设，将不再沿袭过去由城市规划专家和施工方主导的方式，而是采用民间企业负责研究商业运营模式，积极采纳市民意见，引进"智慧城市型监理沙盒"概念，对创新应用给予支持，以实现未来经济转型、创新发展的新经济模式。

釜山的生态三角洲智能城市是一个滨水城市，将建设在釜山洛东江河口三角洲，占地2.2km^2，包括医疗保健和水热能源在内的五大创新产业集群，将建设引领第四次工业革命的关键设施，包括市中心水道、中心商业区、大型智能购物中心和研发中心。

通过安装在城市许多地方的物联网传感器收集到的各种信息将被连接到各种创新服务上，经过人工智能数据平台分析后解决城市问题。

釜山智慧城市将提供多项具有代表性的服务，包括基于机器人的生活方式创新、智能城市管理、智能教育和生活、智能健康和智能移动。

釜山智慧城市关注的领域是水资源管理和机器人，将先进的水管理技术应用于城市水循环的全过程。

在公共部门，机器人将被用来检查设施，测量污染和巡逻街道。服务机器人也将被考虑应用于各个领域，如驾驶汽车，通过公开预约帮助老人和弱者。

为此，该局正计划建立城市机器人的基础设施，如机器人充电站、位置识别标记和控制系统，并通过准备与机器人相关的业务支持系统，将釜山智能城市发展成为世界级的机器人枢纽。

4.5 新加坡

新加坡的智慧城市建设水平一直处在全球的领先地位，其早在 2014 年就提出了"智慧国家 2025"计划，这也是全球首个智慧国家的蓝图。

新加坡建立了一个"以市民为中心"，市民、企业、政府合作的电子政府体系，并且公开了 50 多个政府部门的 5000 多个数据集。

智能交通方面新加坡更是国际顶尖，新加坡人口密度很大，据数据统计，2016 年新加坡的人口密度就已经达到 7908 人/km^2。同年，北京的人口密度为 1323 人/km^2，仅相当于新加坡的约 1/6。但是，在新加坡，除了交通事故、道路整修等特殊情况外，交通拥挤的情况却并不常见。作为国际智能交通城市典范，新加坡的很多做法都让人眼前一亮。

1. 硬件给力，12% 的国土面积用来修建道路

早在规划建设初期，新加坡就极为前瞻性地将 12% 的国土面积用作修建道路，为将来可能面对的交通问题，提前做好准备。除此之外，新加坡还斥巨资建设公共交通网络，引导居民乘坐公共交通出行。新加坡的公共交通系统主要包括轨道交通和公共汽车，其中轨道交通又分为地铁和轻轨。

根据新规划，新加坡未来还将进一步发展公共交通系统。到 2030 年，80% 的居民从家步行到地铁站的时间在 10min 以内，居民出行 20km 以内耗时小于 1h 的比例达到 85%。

2. 软件领先，覆盖全国的智能交通系统

除了积极建设公共交通系统之外，新加坡在交通信息化方面也没有放松。自 1995 年起，新加坡就逐步运用各种创新技术手段来提高路网的运行效率，建立了覆盖全国的智能交通系统，组成架构如图 4-6 所示。该系统主要包括城市快速路监控信息系统、车速信息系统、优化交通信号系统、出行者信息服务系统以及整合交通管理系统 5 个部分。由新加坡陆路交通管理局（简称陆交局）的智能交通中心负责建设、管理和运营。

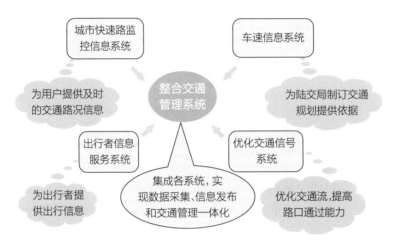

图 4-6　新加坡智能交通系统组成架构

新加坡几乎所有的交通信息，都要通过这套系统进行数据收集、发布和管理。基本实现了对新加坡现代化交通系统的智能管理和调控，保证了快速、安全、舒适、方便的交通服务水平。

新加坡陆交局还在开发新一代的交通管理系统，新系统通过安装在每辆车上的智能行车器来收集交通数据，可以在后台随时监测汽车的位置，并提供大量可供分析的数据。管理者可以借之监测全国范围内的车辆数量与平均车速等交通状况，系统也会通过道路布局图标注出拥堵和事故路段。这套系统监测交通状况的水平已达到能在任何时间内显示道路上的每一辆车。

3. 冻结私家车数量，意将私家车的年增长率归零

从 2018 年 2 月起，新加坡实行了史上最严厉的"控车令"。官方宣布全面禁止新增私家车上路，停止发放拥车证，冻结时间暂定为两年。

在新加坡，私家车想要合法上路必须拥有拥车证，拥车证期限一般为 10 年。此禁令一出，也就意味着新加坡未来两年的私家车新增总量将会归零，甚至可能会减少。

此外，新加坡对进口新车一律征收 45% 的进口税，购车时还要支付一笔数额不小的登记费以及相当于汽车市场价格 150% 的额外费用。新加坡是世界上购车成本最高的国家之一。

新加坡居民日常的用车费用也非常高昂。除常规费用外，新加坡规定汽车的寿命超过 10 年要多收 10% 的道路税，超过 14 年则增加 50%。另外，新加坡所有通往市中心的主要道路上都设有电子收费闸门，自动收取每辆汽车的过路费，每次大概 0.5 ~ 6 新元（合人民币 2.4 ~ 29 元）。

4. 居民参与度高，反馈积极

在新加坡的交通规划及建设中，居民扮演了很重要的角色。据了解，新加坡陆交局通过公众咨询、问卷调查、公众讨论、公共电话邮箱等方式收集公众意见。其在 2012 年一年内回复了约 20 万封电子邮件，通过全年全日无休的热线回复了超过 100 万名居民的反馈电话。

新加坡陆交局通过各种方式收集到的反馈意见，从 2009 年的 90 万条增加到 2012 年的 120 万条，平均每 25s 就有公众提出一条意见。

为了编制 2013 年综合交通规划，新加坡陆交局收集了 1700 多份关于"我们怎样提高你的出行体验"的反馈意见，在 2012 年的 5 个月内与大约 400 人进行座谈，并从日常工作中收集的 3500 份反馈意见中了解公众的想法。

新加坡交通规划的策划、修编、实施、管理的每一阶段、每个环节都鼓励公众积极参与并提供反馈意见。软硬件的双重保障，加之严厉的机制推动，伴以积极的居民反馈，让新加坡即便是在巨大的人口压力之下，仍跻身于城市智能交通建设的国际一流水平。

4.6 中国

4.6.1 高效政务，智慧民生：北京

2013 年北京市政府与北京合众思壮科技股份有限公司决定联合投资建设"北斗"导航与位置服务产业公共平台，重点为城市运行保障、智能交通、现代物流、重要系统授时、环境资源管理和精准农业等六大领域提供位置服务应用与支持。北京将统一相关行业接口，进行北斗导航与位置服务应用对接，除向北京市关键管理部门提供服务外，还向广大市民提供基于位置的各类服务。

北京市于2013—2018年初步形成"智慧城市"的基本框架。《智慧北京行动纲要》明确提出，到"十二五"期末，在全市建设1500个左右智慧社区。利用物联网、云计算、移动互联网和信息智能终端等新一代信息技术，把社区建设成为政务高效、服务便捷、管理睿智、生活智能和环境宜居的社区生活新业态，实现5A模式，使"任何人、在任何时候、任何地点、通过任何方式、能得到任何服务"。

公共平台项目建设内容包括公共运营服务和创新创业服务两个中心，其中公共运营服务中心将基于国家"北斗"系统和测绘基础网、北京无线通信基站和移动网络等基础设施资源，建设北京市精密定位、室内定位、数据分析和数据挖掘等4个服务系统，为"智慧北京"建设提供"数据共享、互通互联"的平台级运营服务；同时，公共平台将采用"插线板"架构，为行业和大众用户提供差异化的位置服务，降低用户使用门槛，节约社会与资金成本。

4.6.2 世界智慧城市典范：雄安

2017年4月，雄安正式成为继深圳特区、浦东新区之后的又一国家级的经济新区。2018年，《中共中央国务院关于对〈河北雄安新区规划纲要〉的批复》正式发布，其中最引人关注的莫过于：雄安新区要"实现城市智慧化管理"。这标志着在经历一年的准备后，雄安新区整体规划正式完成。"智慧"将成为雄安新区的标签，同时也开启了将雄安打造成世界级智慧城市"样板间"的进程。

与深圳和浦东不同的是，雄安新区的成立适逢大数据、物联网等技术走向应用成熟。一张"白纸"，可引发无尽遐想，也存在万种可能。如何在新区规划初期，就将高新技术应用在整个新区建设中去，成为雄安新区整体规划的最大课题，雄安从此肩负着建立中国智慧城市"样本"的历史作用。

雄安作为智慧城市的亮点集中在三个方面：

（1）绿色新城 在雄安发展伊始，习近平总书记就指出，规划建设雄安新区要突出七个方面的重点任务。其中，"建设绿色智慧新城，建成国际一流、绿色、现代、智慧城市"被放在首位。这预示着雄安新区将作为适应经济发展新常态、参与全球创新的引领巨擘以及绿色智慧城市建设的催化剂，具有引领和示范效应。有媒体报道称，雄安新区将来的建设会采用很多新理念、新技术以及新材料。2018 年伊始，以"发展装配式建筑、打造绿色智慧雄安"为主题的研讨会上就指出，在未来，雄安新区将广泛应用绿色装配式建筑来优质高效地推进城市建设，并形成系列标准，创造出绿色、智慧、可复制的城市建设"雄安模式"。雄安新区已经引入建筑智能化及能源管理来打造绿色建筑及园区建设，中铁置业牵手国内领先的智能物联网平台特斯联科技以提升建筑智能化及能源运营效率就是其中典型的例子。

（2）科技利民　随着智慧城市发展的不断深入，其评价标准也逐渐从"科技赋能"转变为"科技利民"。如何让智慧城市的建设做到切实可见，切实提升普罗大众的生活便利指数也成为雄安新区建设的首要课题。目前，雄安新区引入合作的科技巨头企业主攻方向都集中在城市公共服务的智能化建设上，他们在雄安的布局简单来说就是利用自身流量优势为市民提供各类城市服务的渠道和入口，这无疑是"科技利民"最直观的表现。从雄安智慧新区的规划中，可以窥见未来智慧城市发展的脉络：合理节约能源，实现城市的可持续发展与科技利民，智能与民生并存成为 2018 年智慧城市发展的主流趋势，而雄安新区之所以可以做到这一点，与众多巨头企业的抢滩式布局息息相关。

（3）巨头企业入局，人工智能 + 物联网 + 大数据助力雄安标准　雄安新区的建设被誉为"千年大计"，这个号称"每一棵树、每一根钉子都有数据"的新区，承载的也是借助大数据、物联网、人工智能等科技新动能实现智慧化的重任。雄安新区创新性地引入"共建"模式，不单纯依靠某个单一的科技公司技术，而提供一个各类企业都参与其中，发挥自身强项的全生态系统智慧城市生态圈。智慧城市是一个复杂的系统工程，需要各类企业参与其中，才能更好地落地发挥。雄安新区的共建模式一方面有利于吸收全产业链的领先技术，另一方面也为入局的巨头企业提供了更广阔的应用场景。例如，百度、阿里巴巴、腾讯三家互联网企业于 2017 年组团入驻雄安新区，布局思路为立足城市公共服务，布局城市数据入口，利用流量优势为市民提供各类城市服务。

4.6.3 "城市大脑"发源地：杭州

杭州的智慧城市建设一开始是为了解决城市的塞车问题，2016 年杭州市与阿里巴巴合力打造"城市大脑"，用数据和 AI 来帮助城市做思考和决策，赋予千年古都自我诊断、调节和治理的能力。

"城市大脑"的结构共有 4 层，包括数据采集层、AI 数据资源平台层、AI 服务平台层、数据平台层。

（1）数据采集层　阿里云的创办人，也是城市大脑的重要推手王坚曾幽默地说："世界最遥远的距离其实是路口监视器和红绿灯之间的距离。明明都在同一根杆子上，却毫无联系。"他想，假若监视器可以调节红绿灯号，城市塞车问题能改善多少？为此，5 万多个监视器变成遍布全城的眼线，记录每辆车的行驶状况，追踪车速和数量；出租车驾驶人日复一日以手机接单，留下运行轨迹；公共汽车刷卡机记录有多少人在哪个时段搭乘，再结合天气数据、手机地图、大小客车和公共汽车的定位数据、路网结构数据、电信运营商的基地台服务数据、交通局的信号灯历史配时数据等，实现交通评价与信号灯配时优化，如图 4-7 所示。

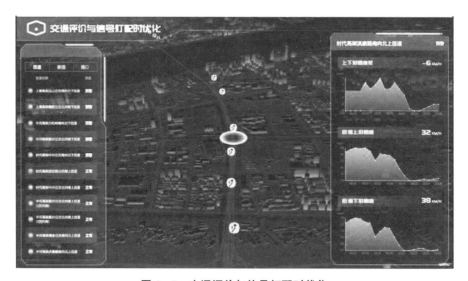

图 4-7　交通评价与信号灯配时优化

（2）AI 数据资源平台层　第二层的 AI 数据资源平台是"城市大脑"的"脑核"，汇聚散落城市各处的"数据孤岛"，对海量资料进行数据标注、数据整合、加工等相关整理。"城市大脑"可储存 EB 等级的数据，达到 PB 等级的计算吞吐能力。

（3）AI 服务平台层　AI 服务平台是大脑的"皮质层"，也是思考和决策层。例如，5 万多台监视器影像，若要靠人力去盯，需要 15 万名交警轮三班制才勉强看完。但用"无监督预训练"来构建的深度神经网路就不一样了，其不仅能在短时间内"看完"，还能"数清楚"有多少辆车往哪个方向走，进而预测车流、运量，即时计算城市核心路口每一刻的交通实况和供需，预测堵车痛点，并在几分钟内优化各路口信号灯的配时方案。还有，哪些路口应禁止左转，公车及路线该如何调度和规划，出租车的调动指挥，乃至提出未来道路的修建方案。

（4）数据平台层　"城市大脑"上线第一年，借由杭州萧山区 104 个信号灯的自动配时调控，车辆平均通行速度提高 15%，通行时间缩短 3min。发生危难时，"城市大脑"控制信号灯一路护航，应急车辆抵达救灾现场的时间将减半。此外，人工智能从计算机视觉影像中物体的运动趋势和正常数据模型之间的预测误差，自动"发现"车祸、违规停车、堵车、逆行等异常交通事件，即时向相关单位发出警报。在杭州主城区，监视器影像巡检的日报警次数高达 500 次，识别准确率超过 92%。透过手持的移动终端，"城市大脑"可直接指挥杭州市 200 多名交警至现场处理。

4.6.4　全球性智慧城市标杆：上海

在 2020 全球智慧城市大会上，上海成为最耀眼的明星，一举摘得"世界智慧城市大奖"桂冠。这是中国城市首次获得这一全球智慧城市行业领域的"奥斯卡奖"，上海的智慧城市建设得到世界级平台的认可。

创办于 2011 年的全球智慧城市大会（SCEWC），由联合国人居署、世界经济论坛、西班牙工业部、巴塞罗那市政府等支持，是全球规模最大的专注于城市和社会智慧化发展和转型的智慧城市主题展会之一。世界智慧城市大奖是 SCEWC 的最高奖项，每年仅授予一个城市。全球智慧城市的先行者斯德哥尔摩、新加坡、特拉维夫、迪拜和纽约等都曾获得过这一殊荣。上海能从全球 48 个国家和地区的 350 座申报城市中脱颖而出，不是偶然。

1. 一座智慧且温暖的城市

早在 2010 年，上海率先在全国开启智慧城市建设的探索。经过 10 年建设，上海已经建成政务服务"一网通办"和城市运行"一网统管"这"两张网"，成为世界智慧城市优秀标杆。

"一网通办"是上海率先打出的政务服务品牌，以"高效办成一件事"为指向，接入事项达到 2341 个，其中超过 80% 具备全程网办能力，累计办件量超过 6000 万件，市民企业办事"像网购一样方便"。

"一网统管"历经一年多探索，创造性推出了一套较为完整的城市运行基本体征指标体系，为城市高效、安全、有序管理提供保障。目前，已经建成城市运行管理和应急联动处置系统，整合接入公共安全、绿化市容、住建、交通、应急、民防、生态环境、卫生健康、气象和水电气网等领域的专题应用，初步实现了"一屏观天下、一网管全城"，持续为政府精细化管理增效赋能。

尤其是面对新冠肺炎疫情，"两张网"经受住了考验。例如，借助"一网统管"，上海将与入境人员有关的公安、政府、社会和企业等数据源源不断地汇聚，用数据查"人"，打造了一条由"入境转运"到"落地管控"的闭环之路，提升了城市的"免疫力"。

2. 全球化视野来看待智慧城市

上海智慧城市方案的一大亮点是用全球化视野来看待智慧城市建设，比如国际普遍关注的隐私保护、可持续发展等。上海于 2019 年率先出台公共数据开放暂行办法，不断扩大公共数据开放的覆盖面的同时，提出建立分级分类开放机制，根据安全风险、隐私保护、技术能力等因素，对公共数据开放进行精细化管理。

在夯实智慧城市建设的基础设施这一"底座"上，上海不但领跑全国，更站在了世界的第一梯队，这也引发全球智慧城市大会的高度关注。最新数据显示，上海固定宽带光纤实现全市 99% 家庭覆盖，平均下载速率和用户渗透率均排名全国第一。据中国信息通信研究院数据统计，2020 年二季度上海家庭固定宽带千兆用户数为 36.7 万户，渗透率为 4.02%，居全国第一；接入速度为 200.02Mbit/s，居世界第一阵营。

作为无线千兆的主要载体，5G 的建设更是一路领跑。截至 2020 年 9 月底，上海累计建设 5G 室外基站超 3 万个，5G 室内小站超 4.3 万个。根据工业和信息化部数据，到 2020 年上半年，上海 5G 基站占比为 20.19%（5G 基站在所有基站中的比例），5G 室外基站数量位列全国第一；按同口径比较，上海 5G 基站数量已超越排在世界第一的韩国首尔。

4.6.5 绿色建设科技城：青岛

2018 年，住房和城乡建设部科技与产业化发展中心、青岛市城乡建设委员会、青岛市市北区政府签署三方合作协议，共同打造全国首个"绿色建设科技城"，全面推进青岛建筑产业结构升级和创新资源要素集聚。青岛绿色建设可集成规划如图 4-8 所示。

青岛绿色建设科技城以青岛市北区全域 65.4km^2 为承载实体，青岛中央商务区 11km^2 为先行启动示范片区，以地理信息、建筑业新科技和大数据为抓手，践行绿色建设理念，推行绿色建设新技术、新材料，着力解决城市发展痛点问题，打造覆盖绿色建设全产业链的产城融合实践区。"绿色建设"的提法将传统建筑产业概念拓展为与城市和建筑高质量发展密切相关的建设科技、文化创意、生命健康、人居环境和金融创新"五大产业"，以地理信息、建筑业新科技和大数据应用的产业化目标，推行绿色建筑的规划、设计、建设标准，以城带产、以产促城，推动青岛近 2000 亿元规模的传统建筑业旧动能向新动能转型升级。

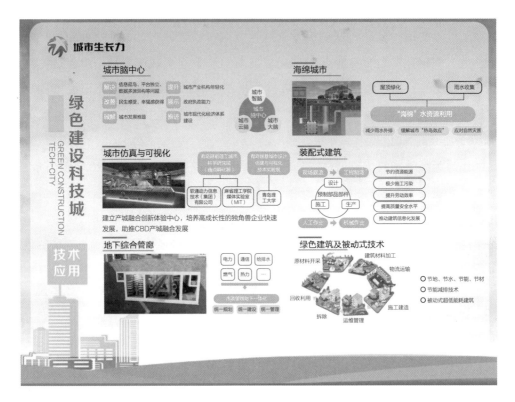

图 4-8 青岛绿色建设可集成规划

青岛绿色科技城的设计理念可以分为 5 部分：

（1）绿色的生产体系，集约的生产空间 通过技术创新和系统优化，搭建"住建云＋城市云"绿色建设云平台，开展被动式超低能耗幼儿园项目、BIM（建筑信息模型）审图、垃圾智慧分类等试点示范，将绿色设计、绿色技术、绿色生产、绿色管理、绿色供应链和绿色就业贯穿于产业全生命周期中，实现经济投入少、环境影响小、资源能源利用率高，实现经济、社会、生态效益最大化，构筑引领全球功能好、质量优、品质高的绿色生产体系，打造产城绿色融合发展。

（2）绿色的生活方式，宜居的生活空间 节约适度、绿色低碳、文明健康的生活方式和消费模式是绿色生活方式的主要内容，代表绿色的文化理念和价值观。青岛绿色建设科技城作为中国绿色城市更新的先行者，在这里推行具有青岛文化特色及元素的绿色消费，打造具有绿色空间，建立绿色行为的绿色生活方式，建设成为以"生态文明"为核心标准的、以"以人为本"为建设理念的示范区。以图板、沙盘、视频等形式，展现绿色建筑公园、绿色体育公园、奥体中心、建筑能效监管平台及能源管理平台、青岛理工大学绿色建设科技创新园等示范项目，推介绿建城所应用的 BIM + GIS（地理信息系统）技术、标准化施工等建设新技术、新理念，以绿色建设引导绿色文明行为，建立绿色的生活方式和消费方式，提升居民幸福感。

（3）绿色的生态格局，透绿见蓝的生态空间　绿色生态安全格局是青岛绿色建设科技城可持续发展的基础，保障未来城市具有生长力，要从土地集约利用、时空关系、分步实施等角度综合布局青岛绿色建设科技城的空间布局；要留白增绿，确定绿色建设发展指标，保障绿色生态安全格局。城市化进程日益加快，城市综合体粗放型开发必然阻碍城市的发展，地下空间综合开发利用将成为未来城市的发展趋势。遵循"第五季"地下空间的建设理念，对地下空间现状进行普查，并依托城市轨道交通网络对地上地下空间进行集约化设计，打造集商业、娱乐、办公和休闲等业态为一体的地下空间。同时，采用合同能源管理和"共同缔造"方式进行建筑节能改造，实现城市可持续发展。

（4）绿色建筑新材料、新技术　引入绿色建设领域的优质企业，发挥企业绿色建设科技创新的主体能动性，推行绿色建筑的规划、设计、建设标准，推动装配式、超低能耗建筑等新技术发展，凸显绿色建筑的科技创新。

（5）绿色的城市设计，宜居的未来城市　实施以人为本的城市设计，提升城市环境品质，打造健康宜居、智慧创新、绿色生态的新型城市，如图 4 - 9 所示。通过展现城市仿真技术及历史风貌建筑保护，并辅以 VR 形式开展互动体验，将传统城市生活与绿色智慧未来城市进行直观对比，展现传统历史文化传承及城市绿色建设协同发展的必然性。

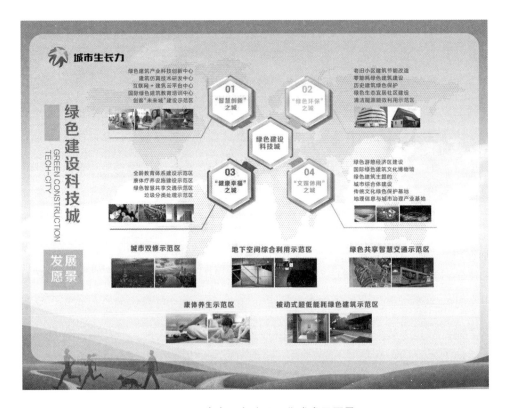

图 4 - 9 青岛绿色建设可集成发展愿景

4.6.6 国家新型智慧城市标杆：深圳

2020 年 8 月，深圳政府对外宣布：深圳已建成超 4.6 万个 5G 基站，以全球领先的基站密度，成为全国首个实现 5G 独立组网全覆盖的城市。

对于深圳来说，这意味着城市发展将步入新的阶段——5G 部署完成后，重点将进入行业应用。随着 5G、云计算和人工智能等新技术深度结合并发生聚变，深圳的"新型智慧城市"将迎来全场景发展时代。

作为智慧城市的后起之秀，深圳用不到 10 年时间经历了数次迭代。

2013 年，作为全国首批 90 个国家智慧城市试点中的一员，深圳正式发力智慧城市建设。2018 年，在"新型智慧城市"全新要求下，深圳在全国城市中较早出台了《新型智慧城市建设总体方案》，明确到 2020 年实现"六个一"的发展目标，建成"国家新型智慧城市标杆"。

2018 年，深圳就已推进全市统一的信息资源共享体系，每天政府内部交换的数据平均超过两千万条。数据已经细到可以对应到每个人的具体姓名、住址、工作地点，为交通、教育等方面提供了大数据支持。

同年，作为国内首个大部制改革后的一体化智慧市场监管平台，商事信用大数据分析平台在深圳市场监督管理局率先落地实施，命名为"深圳市商事信用信息全视通"。目前，已实现登记审批效率提升 50%，推动全国首张个体工商户"秒批"营业执照在深圳发放。

2019 年 1 月，统一政务服务 APP "i 深圳"正式上线，到目前，已汇聚 7696 项服务以及 55 类电子证照和电子证明，全市 95% 以上个人事项和 70% 以上法人事项已实现掌上办理。同年 12 月，"i 深圳"上线全国首创区块链电子卡证平台，支持 50 类电子证照上链、线下大厅扫码授权用证办事、线上授权他人查证。

2019 年出炉的《关于支持深圳建设中国特色社会主义先行示范区的意见》中明确提出，深圳将加快建设智慧城市，在科技创新、粤港澳大湾区大数据中心、社会治理智能化和"数字政府"改革等方面形成先行示范。

2020 年 1 月 1 日，由平安智慧城市承建的深圳市智慧财政一体化平台正式上线运行。这一步，被业内人士称为从"传统经验型人力管财"向"可数据化智慧理财"的转变——利用大数据算法和机器学习等，搭建业务和技术中台，将解决政府财政使用的深入分析和科学决策难题。

突发的疫情，让防疫资金及时拨付到位的重要性凸显。智慧财政平台的上线恰逢其时，资金得以第一时间流入医患补助、物资采购以及工程、服务等临时支出所需，大大保障了患者救治和疫情防控。数据显示，截至 2020 年 7 月上旬，平台共完成深圳市本级 18 亿元防疫资金安排，防疫支出约 10.9 亿元。

一连串"首个"的背后，是深圳不断率先进入"无人区"、拓宽智慧城市边界的尝试。根据 2020 年 5 月数据显示，深圳已汇集 29 家单位的 385 类信息资源、38 亿多条数据，形成约 1800 万人口、232 万法人、79 万栋楼、1282 万间房屋的公共基础信息资源；全市统一政务信息资源共享平台已接入 49 家市直机关和全市各区，资源目录共 2099 类，信息指标项达 51688 个，最高峰日交换数据量达 8000 万条。

5G 赋能智慧城市建设

智慧城市建设大致可以划分为 3 个主要阶段，如图 5-1 所示，各阶段的发展特征与当时的技术水平密不可分。

在智慧城市提出的初期，科技应用主要承载于 3G 网络、城市光纤网络建设阶段，由于基础设施的不完善，智慧城市在较长的一段时间内，更多的是以信息化基础设施建设为主。

随着 4G 网络的兴起，空间便捷性得到较大提升，智慧城市从内部系统走向外部空间，开启了城市空间的数字化改造，但此时，市民的感知度仍较低，城市智慧的体现不足。

随着 5G 网络的建设，万物互联时代到来，人工智能、物联网、数据中心和云计算等一大批新技术的快速兴起将改变城市的连接方式与运行规则，城市从网络外进入到网络之中，使得城市的思考、决策与交互更加智能化。

本章将重点研究 5G 如何联合人工智能和云技术为智慧城市生态打造更开放、智能、灵活的垂直行业应用服务系统。

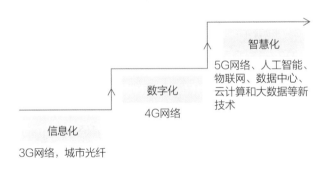

图 5-1 智慧城市建设的 3 个主要阶段

5.1 智慧基础设施网络

5.1.1 智能坚强电网

2019 年年初，国家电网有限公司（下文简称国网）提出三型两网、打造世界一流智能电网的战略目标，中国南方电网有限责任公司印发《数字化转型和数字南网建设行动方案（2019 版）》，全面驱动传统电力行业转型升级。智能电网是全球各国电力、能源产业发展变革的体现，我国智能电网发展战略的提出，将在发输变配用电和调度的各个环节都实现智能化、数字化。

智能电网业务存在多样化、差异化特点，各种业务对网络带宽、时延、连接密度、安全性、可靠性和隔离性都有不同需求，对通信网络提出了不同的通信指标要求，而传统的 3G 和 4G 网络采用的是一刀切的网络资源调配方式，不能够对不同应用需求做出优化配置，5G 的网络切片则能够在一张通信网络上针对不同的业务需求（见图 5-2），分别形成 mMTC、eMBB 和 URLLC 业务场景，从而很好地支持了复杂电网中不同业务的数据传输。

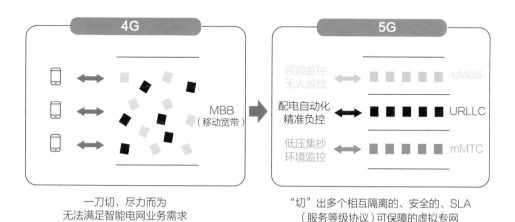

图 5 - 2　5G 网络切片灵活支撑智能电网业务

（1）电网超低时延超高可靠（URLLC）应用　典型应用场景包括智能分布式配电自动化、精准负荷控制等。以配电自动化为例，电网最怕的是雪崩效应，当单条输电线路发生故障时，如果不及时将故障线路隔离和处理，就可能引发连锁反应，导致大面积停电。为此，智能电网需要能及时发现故障，并进行故障电路快速隔离，以避免发生大面积停电事故。在传统的集中式配电自动化方式下，所有的配电终端都需要将数据上报给集中部署的主站/子站系统，由主站/子站负责基于采集到的数据来进行配电线路的故障定位、隔离和恢复操作。这种方式类似于 IT 的云计算部署模式，对于通信的时延要求为百毫秒级，可能导致停电时间为分钟级或者小时级。而智能分布式配电自动化通过配电终端之间点到（多）点通信，可自主完成故障的就地定位、隔离和恢复，实现配电网故障快速自愈，从而让停电时间更短、停电影响区域更小，理想情况下甚至可以做到不停电。5G 网络切片构建独立运维的切片网络如图 5 – 3 所示。

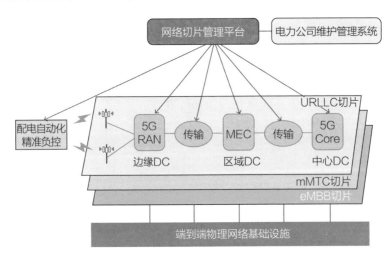

图 5 – 3　5G 网络切片构建独立运维的切片网络

智能分布式配电自动化通过去中心化实现信息的快速互动，可大幅降低时延，提升效率，大幅提升配电可靠性和稳定性，但它对网络能力要求非常高，要求通信时延达到毫秒级（配网差动保护要求小于 15ms，智能分布式馈线自动化要求小于 20ms），可靠性达 99.99%。此外，分布式配电自动化属于电力生产控制大区业务，遵循电力信息系统"业务分区、网络专用、横向隔离、纵向认证"

的十六字指导方针，还需要确保电力生产控制大区业务与电力管理信息大区业务，以及其他行业业务间实现严格物理隔离，以保障安全隔离性。

（2）电网大带宽（eMBB）应用　典型应用场景包括变电站视频监控、机器人巡检、输电线路无人机巡检等，这些应用需将多路 4K 超高清视频实时回传，要求网络具备大带宽能力，特别是提供上行大带宽业务保障。

（3）电网大规模连接（mMTC）应用　典型应用场景包括低压集中抄表、现场环境监测等，需支持百万级甚至过亿的海量终端连接，要求网络具备大规模连接能力。5G 通信系统不仅可以通过网络切片技术从 5G 基础网络上"切"出多个相互隔离的、安全的、SLA 可保障的虚拟专网，为不同的业务提供差异化服务，还能通过网络切片管理平台和网络能力开放让电网行业客户可自运维、自管理自己的切片网络。5G 以一种全新的网络架构提供 10 倍于 4G 的用户体验速率，峰值速率高达 20Gbit/s（毫米波），低至 1 ms 的空口时延，99.999% 的超高可靠性，100 万/km^2 的连接数密度。支撑多种需求的电力行业应用，更加有效服务现场监控和事故预判、诊断，实现电力行业从数字化到智慧化的演进。5G 独有的网络切片技术的安全级别和隔离性完全满足能源行业对安全的需求，而相比企业自建的光纤专网，则大幅度地降低了成本。5G 边缘计算技术通过网关分布式下沉部署，进行本地流量处理和逻辑运算，节省带宽的同时降低了延时，充分满足电网相关业务的超低时延需求，构建高效环保、绿色智能电网。

1.5G 智能场站

随着分布式新能源的迅猛发展，新能源发电设备日益增加，变电站、风电场、光伏电站等大多呈分散式分布，有些处于偏远地区，光纤覆盖难，施工难度大，运行中产生大量的数据难以快速有效地进行传输。5G 技术作为电力有线光纤通信的补充手段，可实时远程采集新能源发电的设备信息等各项数据，完成电网接纳响应，在海量接入的基础上，进行智能分析，提供高水平的运维服务，实现电力数据信息安全快速交互。

通过 5G 低时延、广连接的特性，实时传输场站内各项传感器、智能表计、控制器等数据，5G 边缘计算特性将数据功能移到边缘侧，既可以在本地处理，又可以利用云端的平台，让数据得到充分使用，以此打造泛在感知、无人值守、无线互通的智能化场站，如图5-4所示。

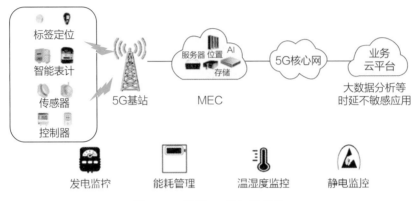

图5-4　基于5G的智能场站

2.5G 智能分布式配电

5G纵差保护和智能分布式馈线自动化（Feeden Autonation，FA）属于智能分布式配电自动化的业务场景。智能分布式配电自动化是坚强智能电网的关键应用，对网络的时延、可靠性、隔离性保障要求极高，非常考验5G网络切片能力。中国电信青岛分公司、国网青岛供电公司和华为就5G纵差保护和5G智能分布式FA开展了全国首次外场验证测试，并成功验证了5G可满足业务需求，如图5-5所示。

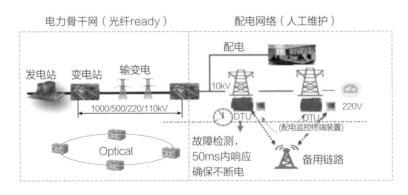

图5-5　基于5G的智能分布式配电自动化部署

2020 年 1 月 12 日，在青岛古镇口区域，"基于 5G 网络切片的配电网络纵差保护外场试点"上线，如图 5 - 6 所示。基于 5G SA（独立组网）电力切片虚拟专网的实测结果显示，环网柜智能终端（STU）之间单向通信的平均时延为 9.8ms，可满足差动保护 15ms 的通信要求，故障隔离差动保护判定全部正确，创新性解决了配网线路差动保护的通信难题。

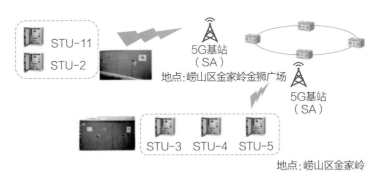

图 5 - 6　基于 5G 网络切片的配电网络纵差保护系统

3. 变电站作业监护及配网态势感知

针对变电站内部的管理信息大区业务（如视频监控、机器人巡检等），为了将变电站园区采集的现场信息快速回传和处理，并保障数据不出园区，通过核心网 UPF（用户面）和 MEC 下沉部署到变电站园区内部，并在 5G NR（新空口）侧采用专用基站与公网业务之间物理硬隔离的方式，建设一张 5G 电力局域专网切片，以满足变电站的高安全隔离需求，如图 5 - 7 所示。

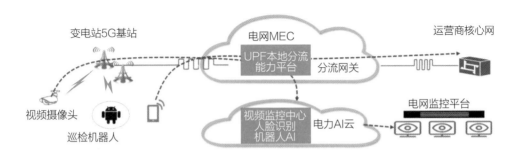

图 5 - 7　面向电网态势监控和作业监护的 5G 电力局域专网切片部署

5G 配电态势感知利用 5G 网络实时采集配电网电压、电流向量类数据，将数据间隔周期性上传主站，由主站进行状态估算和态势感知，以提前预测负荷和采取措施，避免负荷过重造成设备故障和跳闸停电风险。

在 2019 年 10 月，国网青岛供电公司联合中国电信青岛分公司和华为上线了"基于 5G 切片的变电站配电感知系统"，为 2019 年跨国公司青岛峰会提供"5G＋保电"服务。该项目于 2019 年 11 月获得山东省移动互联网 5G 应用创新技能大赛一等奖，于 2020 年 3 月作为唯一工业能源领域案例入选 GSMA 5G 独立组网驱动应用案例集，于 2020 年 4 月在 Layer123 举办的第三届网络自动化峰会上荣获"5G 自动化最佳创新商业项目奖"。

5.1.2　城市公共资源网络

1. 千万级 NB-IoT 城市智能停车系统

采用运营商（电信、联通、移动）NB-IoT 窄带物联网网络，兼容 NB-IoT 和 LTECAT-M1，在基站网络覆盖范围内均能实现联网通信，无须架设转发网关。该方案具体配置见表 5－1，系统场景部署如图 5－8 所示。

表 5－1　大规模城市智能停车系统配置

参数	配置
响应时间	2～3s
检测准确率	≥99.9%
基站挂载数量	单个基站小区可支持 5 万个 NB-IoT 终端接入
抗干扰	传感器检测区域为360°，无须考虑安装方向。不受温度变化、潮湿或其他环境的干扰。通过内部的自适应机器学习算法滤除相邻车道停车、非机动车干扰等异常干扰
数据安全	具有无线通信数据加密功能
工作温度	−20～85℃
功耗	3.6V 供电，0.15mA·h 低功耗模式，1.5mA·h 检测模式
安防	采用防水、防压设计，符合 IP68 防护标准
使用寿命	内置大容量、低自放电率的锂亚电池，结合低功耗设计，使用寿命大于 5 年
系统防护	支持程序在线升级，可通过手机平台在线修改参数，支持欠电压自动告警

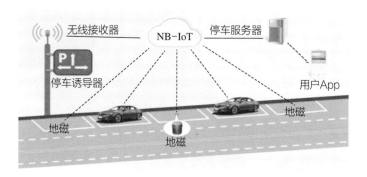

图 5 – 8　NB-IoT 城市智能停车系统场景部署

　　2018 年银江股份以 1450 万元成功中标"广安市政府主城区智能化停车收费管理系统项目"，该项目是国内首个千万级 NB-IoT 城市智能停车系统项目。该项目计划在广安市主城区 5000 个路面泊位中部署基于 NB-IoT 窄带物联网技术的无线地磁传感器。通过"地磁车检器 + 收费终端 + 云平台 + App"的模式，实现车位数据采集、状态监控、自动计费、自助缴费、欠费追缴、违停干预和执法监管等智能化功能，系统结构如图 5 – 9 所示。

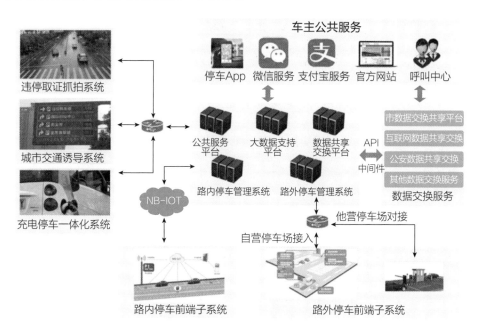

图 5 – 9　"广安市政府主城区智能化停车收费管理系统项目"系统结构

2. 智能建筑

建筑产业升级和高质量发展的根本途径是信息化和工业化深度融合，建筑信息模型（Building Information Modeling，BIM）技术是建筑产业信息化的关键性基础技术。

通过积累施工阶段的工程信息，将一个虚拟的竣工 BIM 模型，集成交付给业主，搭建起三维立体、智慧、可感知的物业管理平台，能够大幅提升信息共享、运维管理、空间管理水平，从而建立统一的平台开展高效智能的运维管理，更好地提高物业管理的效率和效益。BIM 是建筑学、工程学及土木工程的新工具，它可以帮助用户实现建筑信息集成，从建筑的设计、施工、运行直至建筑全生命周期终结，各种信息始终整合于一个三维模型信息数据库中，设计团队、施工单位、设施运营部门和业主等各方人员可以基于 BIM 进行协同工作，有效提高工作效率、节省资源、降低成本，实现可持续发展。

BIM 技术有四大特性：

- 模拟性高，方案筛选、施工模拟等功能极大提升工作效率。
- 连贯性好，不同阶段信息数据可紧密联系。
- 可视化优，所见即所得。
- 协调性强，实现不同模块之间的交互。

BIM 技术与物联网集成应用，实质上是建筑全过程信息的集成与融合。BIM 技术发挥上层信息集成、交互、展示和管理的作用，而物联网技术则承担底层信息感知、采集、传递和监控的功能。二者集成应用可以实现建筑生命周期内的信息流闭环，从而实现信息化管理与实体环境硬件之间的有机融合。

（1）"BIM + GIS + 5G"让建筑环境更加直观和真实　地理信息系统（Geographic Information System，GIS）技术与 BIM 技术融合，提高建筑与周边环境的融合性，提高整体施工效率。以高速公路建设为例，工程横跨区域广阔，通常横跨几十甚至上百千米，"BIM + GIS + 5G"更能体现出工程所处的环境以及施工过程的真实性。建设初期，施工模拟需要回传大量真实场景的视觉信息，同时还有高速公路周边的建筑物及其他基础设施信息，就要用到 5G 泛连接的特性。到了建设过程中，对周边建筑环境要进行实时监测，防范建筑安全事故发生，就要用到 5G 技术的低时延和大带宽特性，可以快速准确地对安全事故进行监测和预警。

（2）"BIM + IoT + 5G"在建筑物料、人员管理及装配式建筑项目中有效应用 以装配式建筑为例，其预制件往往高达上万件，不同预制件的进场摆放、安装以及与现场浇注件的配合等都成为棘手的管理问题。BIM 技术可实现对不同预制件的编码，并且可通过 RFID 技术实现预制件编码的快速识别，从而达到精准高效安装的效果。因此，5G 网络的大量连接与实时性能够充分满足"BIM + IoT"应用场景的需求。

（3）"BIM + VR/3D + 5G"能提升设计效果的体验，让检测和逆建模更加高效 虚拟现实（Virtual Reality，VR）技术与 BIM 技术的结合，将进一步增加设计效果的浸入感，让设计者更真切地体会到设计环境中的细节。目前，"BIM + VR"技术在精装修方面使用相对成熟，可减少设计图样和显示效果的误差，让设计师能设计出使用者更加喜欢的效果图。通过 BIM 技术与 3D 激光测量的结合，可以快速进行设计效果与实际结果的对比，迅速找到差异之处，从而进行返工或优化。另外针对已有的建筑，比如古老寺庙、名人故居等，可以通过 3D 激光技术进行检测，然后根据具体信息记忆性逆建模。其中的 VR 和 3D 技术需要 5G 低时延、大带宽特性支撑，同时 BIM 需要连接海量的建筑模块信息，也要用到 5G 泛连接特性。

5.2 智慧交通

5.2.1 5G 车联网落地

5G 加速了车联网时代的到来。首先，车辆通过智能感知以及与云端交通信息的交互，实现自动驾驶；其次，车辆之间通过互联与信息交互，实现安全驾驶；最后，要实现城市整体交通的顺畅和安全，就必须实现车路协同发展。2020年，国家首批、长三角地区唯一一个 5G 新基建车路协同项目落地苏州。该项目将在苏州建成全国首批城市级的 5G 车联网应用，改造 5G 智能网联道路224.75km，支持百万级设备或千万级数据并发，实现 20 万以上接入用户及 150个应用场景，其中就包括路侧 5G 超视距感知、红绿灯信息推送、路口行人防碰撞三项"5G＋车路"协同应用场景。

实现车路协同，必不可少的是布设在道路侧的智能设备，即路侧单元（Road Side Unit，RSU）。通过智能感知传感器，路侧单元对道路及路口的车辆、行人以及环境数据进行实时采集，在边缘端计算与分析，通过 V2X（车联网）协同 5G网络向车辆发布即时交通信息、交通状况预测。同时向云端发送信息，交通管控云平台就可以优化道路交通管控，实现交叉路口红绿灯的自适应控制。另外，得益于 5G 的超低时延、高可靠性以及高精度定位技术，路侧单元可以实时监控车辆的安全驾驶，对车辆发出各种预警，确保在城市交叉路口、快速路和城际高速道路等处的安全。智慧交通车路协同场景如图 5 - 10 所示。

车路协同场景

城市交通-交叉路口
- 交通数据实时采集
- 交叉路口信号灯自适应控制
- 路侧人车数据实时感知
- 路网交通态势监测
- 城市通路交通信息发布

高速/城市快速路管理
- 交通流实时采集和监测
- 交通事件检测
- 道路交通信息发布
- 助力自动驾驶
- 车与车/车与路

封闭园区
- 交通场景简单
- 运载工具一致性强
- 提升自动驾驶车辆成熟度

图 5 - 10　智慧交通车路协同场景

5.2.2 车联网技术路线

目前，国际上主流的 V2X（车联网）无线通信技术路线有 802.11P 通信技术和 C-V2X 通信技术两种，技术路线特点对比见表 5 - 2。

（1）802.11P 通信技术　基于 WiFi 标准改进，由 IEEE（电子和电气工程师协会）进行标准化工作。该技术标准发布早，实验测试比较充分，汽车厂商也形成了较为完整的解决方案。

（2）C-V2X 通信技术　基于 4G/5G 蜂窝网通信技术演进形成的 V2X 技术。其标准工作由 3GPP 开展，包括（4G）LTE-V2X 和未来的（5G）NR-V2X。该通信技术可实现长距离和更大范围的通信，在技术先进性、性能和后续演进等方面，相对于 802.11P 具有优势。

表 5 - 2　两种车联网技术路线特点对比

标准	802.11P DSRC （专用短程通信）	C-V2X （蜂窝网通信）
成本效益	需要部署接入点和网关	利用现有的蜂窝网络基础设施
时延	5ms	4G：50ms。5G：1ms
应用场景	V2V、V2I	V2V、V2P、V2I、V2N
可扩展性和技术演进	不明朗	4G 到 5G 再到下一代

5.2.3 车联网系统体系架构

车联网（V2X）是以车内网、车际网和车云网（车载移动互联网）为基础，按照约定的通信协议和数据交互标准，在车-X（X：车、路、行人及互联网等）之间，进行无线通信和信息交换的大系统网络；C-V2X 体系架构包含感知层、网络层和应用层，与之相对应，业界称之为"端、管、云"，如图 5 - 11 和图 5 - 12 所示。

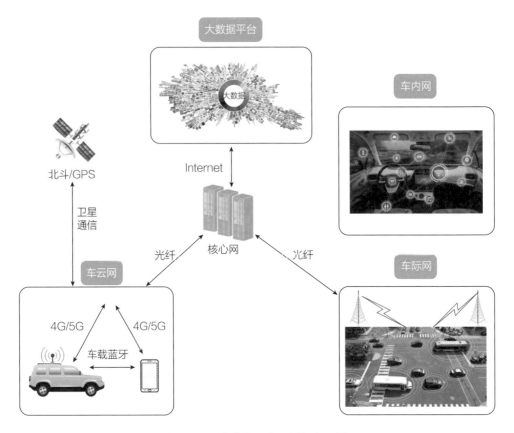

图 5 – 11　车内网、车际网与车云网

1）感知层：感知交通信息、天气状况、路况等信息。

2）网络层：通过无线通信技术、卫星定位导航系统（北斗/GPS）来实现和互联网的连接，完成大量数据传输、分析和处理，实现相互通信和远程控制的目的。

3）应用层：数据反馈，并根据网络层的渠道开发各类软件应用，如地图导航服务等。

以上三层亦可称为"云"、"管"、"端"。

1）"端"：车联网的"器官"，包括车载终端和道路基础设施等。

2）"管"：车联网的"神经"和"血脉"，即传输网络，用于实现车与车、车与人、车与 RSU 以及车与云的互联互通。

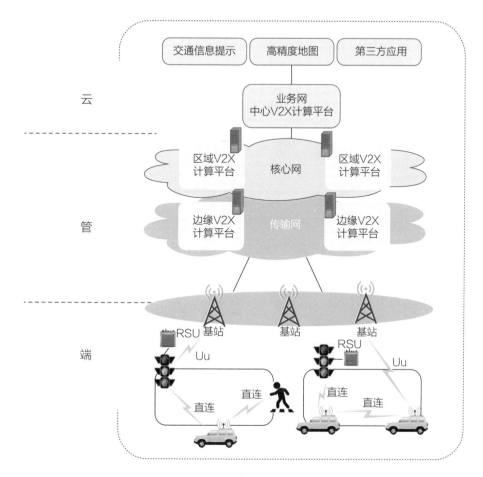

图 5 – 12　C-V2X 车联网系统体系架构

3）"云"：车联网的"大脑"，包括自动驾驶训练系统和车联网云平台，为车联网提供云端算力和服务内容。

5.2.4　NR-V2X 的典型应用场景

3GPP R16 NR-V2X 标准主要围绕四种典型业务场景进行定义：车辆编队、远程驾驶、高级驾驶（协同自动驾驶）和传感器信息共享。

（1）车辆编队场景　车辆编队，即一组车辆按照一定的排列方式安全行驶；利用 5G 大带宽、低时延，实现车与车、车与云端网络以及车与 RSU 之间海量数据的实时交互及状态信息分享，大大提高车辆行驶效率，最大化公路吞吐量，降低车辆能耗，提高车辆行驶安全和舒适性。5G NR-V2X 通信技术将使车队管理更加科技化、智能化、人性化。车辆编队场景的技术要求见表 5-3。

表 5-3 车辆编队场景的技术要求

指标	负载/B	发送速率 /（Message/s）	最大时延 /ms	可靠性（%）	数据速率 /（Mbit/s）
要求	50~6500	2~50	10~25	90~99.99	0.25~65

（2）远程驾驶 远程驾驶解决方案如图 5-13 所示。集成 5G 通信、车-路-云协同、云计算、自动控制等相关技术，可为用户实现通过远程智能驾驶平台对远端车辆的全向监控和智能远程控制，其系统包括数据交互与控制、网络传输、控制和平台三部分。

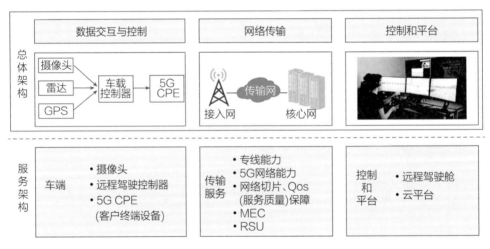

图 5-13 远程驾驶解决方案

在复杂环境条件下，驾驶人远程代替无人驾驶车做出决策，提高无人车的安全性和可靠性，实现复杂路况下的行驶，减少交通事故和人员伤亡。例如，在灾区提高营救效率，在高危路段提高通行效率，矿山、油田等生产区域远程驾驶代替工人完成作业，减少人员伤亡。

远程驾驶应用场景通信技术要求见表 5-4。车辆控制和反馈端到端时延要求少于 20ms，部分控制要求达到 5ms，可靠性要求为 99.999%，车辆上传视频 H.265/HEV 高清摄像头的传输速率 10Mbit/路，2 路摄像头的传输带宽要求上行 20~25Mbit/s，下载速度为 1Mbit/s。

表 5-4　远程驾驶应用场景通信技术要求

指标	负载/B	发送速率 /（Message/s）	最大时延 /ms	可靠性（%）	数据速率 /（Mbit/s）
要求	—	—	20	99.999	UL：25 DL：1

（3）高级驾驶（协同自动驾驶）　5G 车联网将成为自动驾驶的强势辅助，促使车厂和互联网公司从以往的单车智能模式逐步延伸到"单车智能 + 车联网"协同工作的模式。协同驾驶车联网发展的最高级阶段，车辆无需转向盘完全依靠车内和云端中央控制器进行协同决策和控制，实现车与车、车与 RSU 的实时通信，更好感知车、人、路的状态。该应用场景通信技术要求见表 5-5。

表 5-5　协同自动驾驶应用场景通信技术要求

指标	负载/B	发送速率 /（Message/s）	最大时延 /ms	可靠性（%）	数据速率 /（Mbit/s）
要求	450~6500	10~50	3~100	99.99~99.999	UL：50 DL：0.5

（4）传感器信息共享　传感器信息共享是指车辆与车辆、车辆与 RSU 以及车辆与云端网络实现实时信息交互（包括图片、视频等大容量信息），这些数据的交互等效于扩展了车辆传感器的探测范围，从而使车辆增强了对自身环境的感知能力，并使车辆对周边情况能有更全面的了解。该应用场景通信技术要求见表 5-6。

表 5-6　传感器信息共享应用场景通信技术要求

指标	负载/B	发送速率 /（Message/s）	最大时延 /ms	可靠性（%）	数据速率 /（Mbit/s）
要求	1600	—	3~100	90~99.999	10~1000

5.3　智慧能源

5.3.1　环保监测

　　环境的治理是国家实现可持续发展的重要基础。传统的环保监测手段在地域覆盖、时间频次上均有不足。而在 5G 成熟运用后，环保监管模式将进入新时代。每平方千米数万个物联网节点连接的特性可以使全市的环境数据资料同时汇集到环保部门的数据库，让环保部门能够进行统一全面的管理；大带宽支持高清影像信息的传输，提高了信息的辨别性，使采集到的环境图像信息更加及时有效。同时，5G 的低时延满足了智能设备对网络传输的要求，使无人机和无人船等智能设备能够有效应用在实际的监测工作中，这两种设备具有高机动性和全自动化的特性，管理人员足不出户便可得到全面、精确的监测数据。图 5 - 14 和图 5 - 15 所示分别为基于 5G 网络的智慧环保应用场景和应用系统架构。

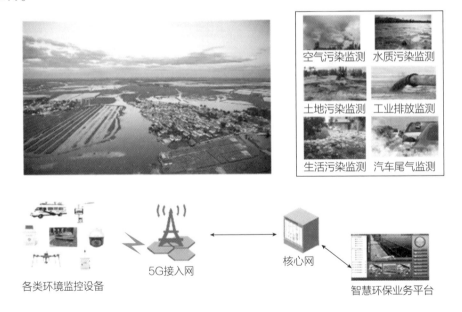

图 5 - 14　基于 5G 网络的智慧环保应用场景

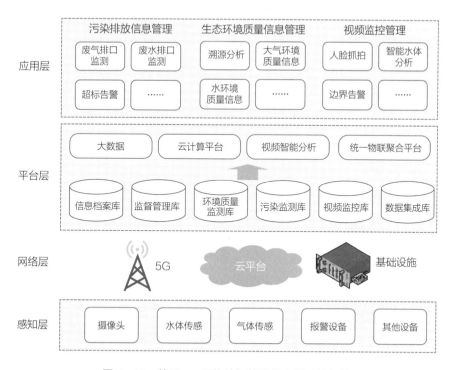

图 5-15　基于 5G 网络的智慧环保应用系统架构

（1）eMB、URLLC 应用　利用 5G 网络超大带宽，低时延，广连接特性，通过智能化安防监控设备，对企业污染排放过程实现全方位监控，对站房实现人员进出权限管控，对采样区实现视频周界防范，辅助污染源运维管理，保障监测数据真实性。通过园区制高点监控，对几千米范围内的重点污染源实现大范围、远距离实时监控，利用人工智能分析与监测区域 AR 实景平台，实现水体、车辆、人脸自动识别、精准定位。利用无人机，挂载热成像、气体探测器等产品，系统可按预设路线对重点监管区域进行巡视，实时回传航拍画面，监测环境空气质量，提升环保执法突击性和效率，以及环境应急监测能力。

（2）物联网技术应用　通过物联网模组将排污单位的废水、烟气、挥发性有机物（Volatile Organic Compounds，VOCs）、大气质量、水体水质、土壤质量等数据传输至云服务器，通过统一的云平台，灵活地调动各个系统之间的资源，系统数据共享，解决信息孤岛问题，提高各系统运行效率。

（3）大数据技术应用　创建一套以企业分级分类、自查自报为核心的安全隐患排查大数据治理体系，包涵完善的隐患排查治理信息系统、明确细化的责任机制、科学严谨的查报标准及重过程、可量化的绩效考核机制等内容。

（4）人工智能技术应用　因地制宜，建立"总排口－节点站－污染源"的污染物溯源关系模型，利用人工智能算法对大气、水污染等环境污染进行溯源分析，精准定位污染源头，实现污染精准溯源分析。

5.3.2　安全生产

1.5G智慧油田

随着通信技术与人工智能技术的发展，5G可在石油的勘探、开采过程以及油田井区的维护过程中发挥出极其重要的价值。基于5G实现油田矿井工作状态实时监测，如图5－16所示。

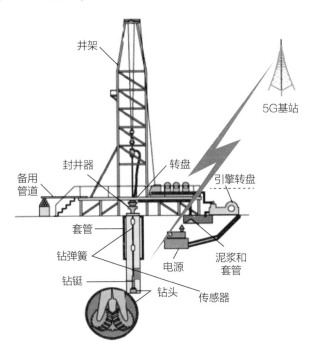

图5－16　基于5G实现油田矿井工作状态实时监测

在勘探过程中可采用多个 5G 无人车阵列，对岩层进行详尽的勘探，将采集到的数据传回云端进行运算分析。在这个过程中，数据量非常庞大，人工智能模型也需要大数据的支持，4G 带宽无法支持如此庞大的信息量。因此，5G 通信在传输地质信息方面，将起着至关重要的作用。同时，基于 5G 低延迟和 M2M 通信的特性，多个无人车之间将相互沟通，实时优化勘探路线并且避免碰撞。边缘计算也在此发挥关键作用，通过传感器对周围环境的扫描，在无人车端直接重新规划路线，减少将信息传送到云端运算再传回的通信时间，将整体延迟控制在毫秒级。无人车之间无须通过基站即可进行传输协同，实现高效率、低损耗的勘探任务。

配有 5G 通信模组的传感器是保证施工安全的一道重要防线。在钻井过程中，压力、温度等指标稍有不慎，就会引发重大事故，对人员安全造成巨大威胁。在此场景下，5G 通信可以发挥出最佳的表现，将钻头周围的压力、湿度等传感器收集到的信息通过 5G 通道传回控制台，其低延时特性精准地满足了业务的需求，系统可以对突发情况做出最快的响应，对故障进行预测与事前应急响应。

2. 5G 巡检机器人

5G 巡检机器人以自主或遥控的方式，在无人值守或少人值守的环境中进行巡检，具有安防巡检、环境监测、油气泄漏检测等多种功能，如图 5 - 17 所示。通过边缘计算的图像分析可及时发现设备的停摆、漏油、火灾和盗窃等安全隐患并进行报警，同时巡检机器人也会拍摄并传回关键设备的视频，在云端载入人工

图 5 - 17　5G 巡检机器人

智能模型进行处理或交由工作人员进行判断。得益于5G终端点对点特性，多个巡检机器人之间可以互相交流，优化巡检路线，提高巡检效率。

（1）天然气巡检应用　燃气管网是经济发展的重要公用基础设施之一，紧密关系到广大百姓的日常生活。燃气管网和相关的表计等设备是燃气企业的监控重点，各项设备正常运行可以保障燃气公司为客户提供可靠的燃气供应服务，使管理部门快速及时地掌握燃气企业的运行数据和运行状态。过去的燃气行业巡检主要依靠人工方式进行，结合远程监控系统对燃气管网及相关设备实现日常管理和维护。人工巡检方式普遍存在着工作强度大、作业效率低和巡检质量由于人员经验不同而差别巨大的情况。燃气管网智能巡检机器人（见图5-18）满足了燃气企业提高巡检质量的需求，能够承担起燃气站的日常巡检工作，实现表计智能识别、红外测温、燃气泄漏检测、声音分析和高清视频监控等功能，无须对现有燃气设备进行改造，无须加装任何附加装置，即可实现对燃气站的安全监控。通过5G网络实时回传现场巡检数据，第一时间记录关键区域及高风险区域的环境检查结果，推进燃气站数字化、智能化发展。

图5-18　燃气管网智能巡检机器人

（2）煤炭产业巡检应用　煤炭资源在我国经济发展中发挥着举足轻重的作用，占我国一次能源消费比重的60%以上。但与此同时，煤矿由于风险大、灾害多，生产过程中危险岗位多、下井人员多，事故时有发生。这不仅将煤矿从业者的安全置于高风险下，更是影响社会整体公共安全和稳定的短板。5G煤矿巡检机器人的出现将煤矿巡检人员的工作环境从矿井转移到监控中心，提高了煤矿智能安全管理水平的同时，极大地降低劳动强度，改善了工作环境。5G 煤矿巡检机器人（见图 5 – 19）紧贴矿下场景的应用需求，其架构紧凑、体积小、重量适中，搭载有摄像头、拾音器、红外温度传感器和烟雾传感器等探测装置，在传动系统的牵引下，可在矿井下替代巡检人员，对矿下环境、设备运行状态进行实时巡检，巡检数据通过 5G 网络实时回传监控中心，有效解决了煤矿综采工作面空间狭窄、条件复杂时监测控制精度不够及设备故障率高等技术难题，提升了监测控制系统的安全性。

图 5 – 19　5G 煤矿巡检机器人

（3）电力设施立体巡检　5G 网络可同时承载巡检机器人、无人机巡检、视频监控等业务，并实时回传相关检测数据，进行智能分析，判断缺陷、故障，能够很好地支撑电力设施自动巡检的需求。地面巡检机器人可装载可见光摄像机、红外热像仪等传感检测设备，利用图像识别、红外带电检测、自动充电等自动化、智能化技术，通过自主或遥控模式实现对变电站设备、环境的智能巡检，有效提升巡检效率和巡检质量，如图 5 – 20 所示。而无人机巡检系统则是利用电力巡检无人机（见图 5 – 21），搭载高清摄像头，检查采集输电线路、杆塔的物理特性（如弯曲形变、物理损坏等），将采集到的高清视频数据实时回传至数据中心，并且可借助于后台人工智能分析，实时判断故障点，甚至进行简单的清除障碍操作。这决定了该业务对通信带宽及移动性要求极高。5G 技术更高的数据传输速率，可以实现高清视频画面实时回传，结合智能分析，当场发现隐患和故障点。利用 5G 高速移动切换特性，相邻基站切换的同时保证业务的连续性，扩大巡线范围到数千米之外，让巡检效率大幅提升。

图 5 - 20　地面巡检机器人　　　　图 5 - 21　电力巡检无人机

（4）智慧工地管理　基于 5G 网络的雄安智慧工地项目通过高性能 MEC、4K 高清视频等技术与建设管理平台等应用融合，实时提供人脸识别、行为分析等多项服务，促进项目管理水平全面提高，推进项目管理向精细化和智慧化发展。基于 5G 网络的智慧工地管理已在雄安商务服务中心建设过程中的 20 多个工地项目上落地应用。如图 5 - 22 和图 5 - 23 所示。

图 5 - 22　智慧工地系统中的工人信息管理示意

图 5 – 23　智慧工地管理系统现场部署示意

5.4　智慧医疗

　　我国的人口基数大，医疗资源紧张，尤其是在大城市，历来有"看病难"的问题，如何推动智能化的医疗信息共享，构建便民化的、一站式的医疗服务体系成为现阶段医疗卫生系统向智慧医疗发展的重要课题。随着 5G 在医疗领域的深度结合，为传统医疗行业带来了一系列智能化、无线化、远程化的智慧医疗应用，进一步优化了现有医疗资源的配置，提高了医疗资源的利用率，改善了患者就医体验。

5.4.1　远程遥控手术机器人

　　5G 技术低于 1ms 的超低时延端到端信号传输和大容量高清晰实时视频传输，使医生可以于千里之外操控手术机器人在手术室开展手术。2019 年 1 月，首例 5G 远程手术在中国人民解放军总医院得到测试，为距离 50km 的实验动物进行肝脏切除手术。该手术利用 5G 远距离低延迟和无抖动通信能力，打破了地理屏障，使远程医疗成为可能。其后，解放军总医院又于同年 3 月成功进行世界首例 5G 远程人体开颅手术；5 月，全国首例"5G + AI"跨网段远程微创介入手术在中山大学肿瘤防治中心得到有效应用，为肿瘤微创治理带来突破性进步；6 月四川长宁地震后，我国首次将 5G 应急救援系统应用于灾难医学救援，身在外地的专家利用 5G 技术实时指挥当地医生对患者进行心脏、腹部血管、颈部血管和腿部血管等部位的 B 超检查，据此确定手术方案和麻醉方案；6 月 27 日，北京积水潭医院的专家通过 5G 远程手术服务云平台同时交替操控两台机器人，成功为山东烟台和浙江嘉兴的两位患者进行三维定位脊柱螺钉手术，标志着我国 5G 技术在医疗领域人工智能应用达到新高度。

5.4.2 大数据驱动的医疗资源优化配置

5G 技术对医疗现状的改变包括医院基础设施的建设、诊前场景、诊中场景和诊后场景。诊前场景包括 5G 急救车、5G 可穿戴健康监控设备、电子病历和 AI 导诊挂号等，诊中场景包括医疗影像云、AI 智能诊断、远程会诊、远程手术和远程超声等，诊后场景包括机器人查房、移动查房等。

1. 诊前场景

（1）5G 急救车　基于 5G 网络，面向乡村县镇等对象，以急救车为切入点，实现患者"上车即入院"的愿景。在车上就可以实时地采集患者的心电图、超声图像、血压、心率、氧饱和度和体温等多方位的生命体征信息，并实时将这些数据返回到当地的医院监控室。院内的医生可及时查看患者的病情病况，并指导现场医生采取相应的急救措施。5G 急救车一般搭载 3 路高清视频，以及 2 路以上的医疗影像。基于 5G 的高速无线网络，在满足至少 30Mbit/s 传输速率的情况下，能将分辨率为 1080P 的高清视频流通过 H. 264（视频编码格式）的方式传递给远程医疗诊室。基于 5G 的医疗急救系统如图 5 – 24 所示。

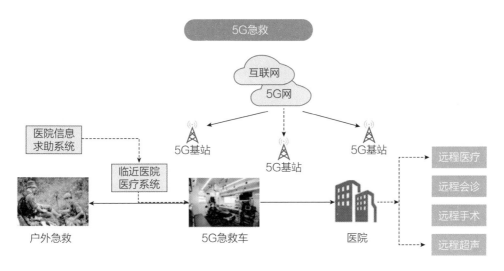

图 5 – 24　基于 5G 的医疗急救系统

（2）AI 导诊挂号　基于人工智能技术，通过 AI 结合用户以往的病历数据，从医院距离、医生专长、用户日常生活习惯等多个维度，为患者提供合适的医院、科室、医生，让患者和医院的医疗服务更加匹配。借助 AI 导诊挂号，可以实现众多医院的数据互通，同时结合微信等 App，患者可以在线完成病情的咨询、影像的咨询、查询医疗报告等。通过完善的线上自助服务，提高了患者病情与医疗服务的匹配度，同时也节约了医院就诊过程中的人力资源，实现了地域医疗的服务协同。

2. 诊中场景

（1）医疗影像云　通过将传统的医院内部影像归档及通信系统（Picture Archiving and Communication Systems，PACS）软件部署在云平台上，面向医疗行业的各个医院提供网络化的、一体化的全方位服务。医院可以随时随地在云端的 PACS 平台上查看存储的影像资料、诊断报告、教学资料等，使得医院之间的协作更加紧密。同时，为远程协作、远程会诊等诊中技术提供了数据基础。

（2）AI 智能诊断　通过人工智能技术，计算机可以"学习"专家的医疗知识，同时进一步"模拟"专家对病患病情的认知、推理、诊断过程，以辅助专家治疗、帮助专家更好地识别病患病情。通过与自然语言处理、认知、机器学习和信息检索等技术的深度结合，AI 诊断能有效识别乳腺癌、肺癌、结肠癌等癌症。传统的本地 AI 诊断对本地计算机的性能要求高，而 5G 下的 AI 智能诊断能通过高速的 5G 网络，将本地计算机的大容量数据传递到智能诊断平台，通过云端的 AI 来诊断病人的病情。

（3）远程会诊　利用 5G 技术，结合 4K/8K 高清视频，实现和医生的远距离"面对面"沟通，帮助医生更好地诊断患者的病情。5G 下的远程会诊，可以在传输高清视频的同时，提供诸如电子病历、放射影像、生命体征等信息展示，方便医生在会诊时实时监控患者的病情。一般远程会诊会在会诊端以及远程专家端部署 5G 站点，相关控制、视频采集设备分别接入本地的 5G 基站，经 5G 核心网、传送网和骨干网等，实现 5G 远程会诊的控制信号和业务数据的传输。整个会诊过程中的时延可以控制在 90ms 之内。基于 5G 的远程医疗系统如图 5 - 25 所示。

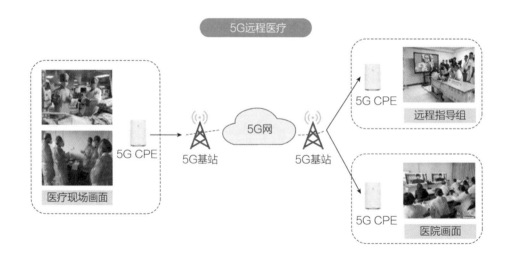

图 5 - 25　基于 5G 的远程医疗系统

（4）远程手术　通过 3D 视频和触觉感应装置，结合通信技术、机器人技术、物联网传感器等技术，医生可以操控机器人远程开展手术。远程手术对时延的要求比较高，所以一般通过在医院园区内或者就近部署 MEC 的方式实现。借由 5G 网络切片技术，根据医院用户需求与签约信息，自动选择接入的网络切片，让视频流快速地传递到园区内的基站或者就近的基站，借助 5G 网络让远程手术的操作性越来越强，医生在操作机械的同时，还能实时监控手术环境、病患的内窥镜影像等。

（5）远程超声　通过 5G 技术，可以实现动态影像的远距离实时传输。超声诊断得到的是基于时间序列的动态图像，单一名患者就可能产生高达 2GB 的超声影像，同时这些影像对图像的连贯性和时延都要求严格。传统的 4G 网络最多只能支持 1Gbit/s 的峰值下载速度，其数据传输速率远小于远程超声的网络速率需求。通过大规模 MIMO 的部署，形成园区内的密集组网，实现 5G 高达 20Gbit/s 的峰值下载速率，从而解决了通信方面的问题，使得超声检查的应用场景愈加广泛。

3. 诊后场景

（1）机器人查房　传统的医院查房耗时耗力，给本就紧张的医疗资源增加了很大压力。而 5G 技术的到来，结合机器人技术，医生可以通过操纵杆遥感的方式来控制机器人移动到病患的床边。同时通过机器人的摄像头和视频屏幕，可以实现医生和病患的实时交互，在完成查房功能的同时，还能检测病患的血压、体温等生命体征。基于 5G 的医院查房机器人应用如图 5 - 26 所示。

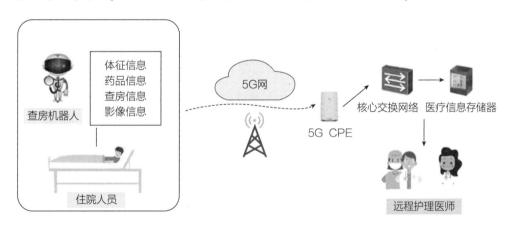

图 5 - 26　基于 5G 的医院查房机器人应用

（2）康复监测　针对诊后康复期的患者，基于 5G 医用可穿戴设备，采集患者心率、呼吸等体征数据，实时传递数据给医院或者线上的医生。可动态监测患者恢复状态，提供不同恢复阶段有针对性的康复建议和用药指导，而一旦患者的生命体征出现危险，还能及时获得有针对性的干预治疗，能有效预防许多慢性、恶性的疾病，为患者的健康构建最坚强的医疗防线。

5.5　城市网络空间治理

5G 网络的建设一方面会为城市环境引入新的电磁辐射成分，使空间电磁辐射密度进一步增强，出于电磁环境安全的考虑需要对无线通信基站附近区域的电磁环境辐射水平进行评估；另一方面，与智慧环保应用相似，5G 网络的大规模设备接入也为城市远程大范围电磁环境监测提供了可能。

1.5G 网络电磁辐射评估

5G 网络的广泛部署极大加速了我国智慧城市建设的步伐，而 5G 网络基础设施的建设也在一定程度上增大了城市环境空间电磁辐射的强度，使市民对生态电磁安全感到担忧。虽然有大量个人和机构号称对 5G 的电磁辐射进行了评估，但很多报道中采用的测试方法并不适用于 5G 基站辐射测试，不能反映真实辐射水平。因为 5G 基站不同于传统的电磁辐射源，其采用的 Massive MIMO 技术可以在三维空间中形成特定方位的较窄的电磁波辐射波束进行业务信道的传输，而当某些区域没有设备使用 5G 网络时，当前区域只存在图 5 - 27 所示的对空间 N 个方向周期性扫描的广播信道波束，并根据不同的覆盖场景存在多种配置方案，包括宽波束和窄波束。除了广播信道波束，只有当前位置有无线终端接入 5G 网络运行 5G 业务时，基站才会投射窄波束的业务信道波束，Massive MIMO 空间辐射效果如图 5 - 28 所示（其中宽波束为广播信道波束，窄波束为业务信道波束）。也就是说，5G 基站覆盖区域下的空间电磁辐射强度不是均匀分布和恒定不变的，而是会随着波束的形成和消失，表现出极大的动态变化特性和空间不同位置的差异性。因此，在对 5G 基站的电磁辐射进行测试评估时需要充分考虑到这一点，如果是测量其电磁辐射的最大值，则在进行测试前，首先应在测试点使用足够多的 5G 终端设备建立 5G 业务，吸引基站大功率业务波束，即业内人士所谓的把业务波束拉过来，形成对测试点的照射，然后才能实现对 5G 基站向空间某个位置形成电磁辐射的相对较准确的测量。

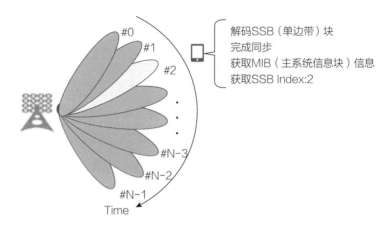

图 5－27　5G 系统广播信道波束对空间 N 个方向进行周期性扫描

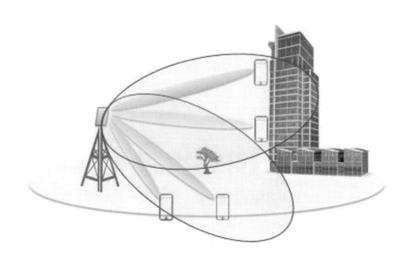

图 5－28　5G Massive MIMO 空间辐射效果

对 5G 电磁辐射的准确测试远比对传统辐射源的电磁辐射测试复杂，甚至其测试方法和测试数据的计算评估方式也还需要探讨和研究。针对 5G 基站的电磁辐射环境监测方法，由生态环境部辐射源安全监管司、法规与标准司组织，生态环境部辐射环境监测技术中心，中国信息通信研究院和国家无线电监测中心参与，于 2020 年共同制定发布了 HJ 1151—2020《5G 移动通信基站电磁辐射环境监测方法（试行）》标准，标准具体内容见本书附录。

2. 5G 使能电磁环境泛在监测

智慧城市将现代化通信手段应用于城市管理，对整个城市的运行核心信息进行实时监测，包括城市内的交通情况、环保情况、公共基础设施运行情况等城市运行数据。随着现代化电子设备应用的大范围普及，一方面为人们生活提供了便利，另一方面城市内电磁设备的密集分布对环境造成的电磁辐射也越来越严重，电磁设备的应用贯穿于整个智慧城市建设工程，例如电台的信号发射设备、卫星通信雷达设备、移动通信基站和物联网基础设施等，如何降低电磁辐射对环境造成的危害成为各地环保部门密切关注的问题。

无线设备所产生的电磁辐射能量是通过电磁波的形式从设备发射到空间中，可能会导致居民家用设备故障、传输设备信号中断等现象。随着生活中使用的无线设备越来越多，电磁环境的辐射安全问题已成为人们普遍关心的问题，随着低成本监测终端的不断研发，监测数据的公开化和透明化也成为必然趋势。类似于基于大量分布的物联网设备进行环境监测，对于城市电磁环境的监测与管理也同样可以借助于分布在城市环境不同位置的电磁传感器进行监测，通过 5G 网络实现数据汇聚，从而构建智慧城市电磁环境管理平台，如图 5 - 29 所示。该平台采用自下而上的设计，以电磁辐射标准为依据，用低成本电磁环境监测传感器为数据采集终端，通过 5G 网络实现数据传输，构建电磁环境大数据平台，基于云计算和人工智能等技术实现城市电磁环境态势分析、辐射源定位，以及城市基础设施布局和建设优化策略。

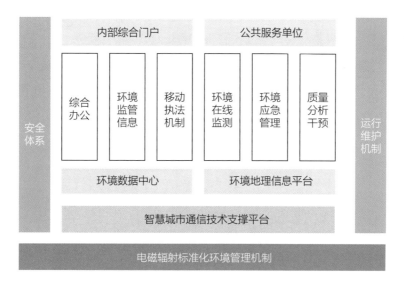

图 5-29　智慧城市电磁环境管理平台

　　类似用于环境污染监测的传感网设备，电磁环境监测的传感器节点设备的分布应更有针对性，应对大型辐射源、工厂、电力网络和商场等公共密集区域进行部署，如图 5-30 所示，实时采集空间电磁环境数据，通过 5G 网络实现传输和汇聚，如图 5-31 所示，在云端进行分析、挖掘和处理，实现类似如图 5-32 和图 5-33 所示的城市电磁环境分布可视化呈现、问题诊断与评估，以及发展态势分析等功能。

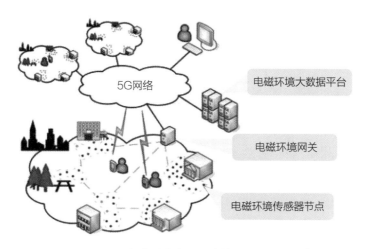

图 5-30　智慧城市电磁环境管理平台部署示意

图 5 – 31　智慧城市电磁环境管理平台数据传输

图 5 – 32　城市电磁环境分布图（俯视）

图 5 – 33　城市电磁环境分布图（3D）

第 6 章

智慧城市发展与展望

智慧城市作为现代化城市运行和治理的一种新模式和新理念，建立在完备的网络通信基础设施、海量的数据资源、多领域业务流程整合等信息化和数字化建设的基础上，是现代化城市发展进程的必然阶段。智慧城市把新一代信息技术充分运用在城市中的各行各业，实现信息化、工业化与城镇化深度融合，有助于缓解大城市病，提高城市化质量，实现精细化和动态管理，并提升城市管理成效和改善市民生活质量。本章将综合产业界和学术界对未来智慧城市发展方向的分析和研究，总结分析智慧城市发展趋势和存在的问题与挑战。

6.1 智慧城市发展趋势

6.1.1 数据驱动

智慧城市生态中相关功能智慧的实现首先依赖物理空间的数据采集和汇聚，从政府决策到服务，包含人们衣食住行在内的生活方式，再到城市的产业布局和规划，直到城市的运营和管理策略，都要以城市大数据为基石才能走向"智慧化"。大数据是智慧城市的"能源仓"，而人工智能则为智慧城市的"核心发动机"，城市大数据和人工智能结合构成推动智慧城市发展的强大动力。

数据浪潮不仅仅是信息技术领域的革命，更是在全球范围启动政务管理模式转变、加速企业创新的利器。在数据驱动的模式下，构建数据驱动型智慧城市的精准治理模式，基于社会化网络的平台和应用，让数以百亿计的机器、企业、个人随时随地贡献新的数据，获取服务，对于帮助政府相关部门准确判断经济形势、有针对性地制定政策、合理调配资源具有非常重要的参考作用。

数据驱动触发城市智慧管理，对于未来城市管理者而言，最重要的是以数据驱动，建立一种数据连续性的核心概念，打通所有数据通道，实现各个平台系统之间的数据融合和贯通。

2017 年 12 月 8 日，中共中央政治局就实施国家大数据战略进行集体学习，会上明确要运用大数据提升国家治理现代化水平。这是对大数据作用的肯定，也是对智慧城市的要求。

在城市治理过程中，数据驱动将发挥以下方面的核心作用：

（1）大数据全景让城市治理做到心中有数 当前数字城市的建设大多还停留在垂直子系统的信息化和智能化建设上，缺少全局规划和互联互通的考虑。为此，未来智慧城市的建设亟待打通跨层级、跨地域、跨系统、跨部门和跨业务间的数据，建立一套科学合理的数据采集、存储、管理、分析和使用策略，打通一个个中断的数据链，彻底改变聚而不通、交换无序的格局，形成畅通的数据"经络"，以信息流带动物资流、技术流、资金流，为智慧城市精准治理提供坚实的技术支撑和数据资源保障。北京市已经在打通数据孤岛，构建统一大数据平台上做出了有效的尝试。新型"智慧北京"通过构建城市数据系统，将全市 50 多个部门的职责、目录以及数据高效协同地连接在一起，实现了 44000 多条数据项，8000 多个职责目录，1900 多个信息系统的数据共享，在此基础上逐步构建大数据全景图，形成城市运行决策指挥大厅，对城市重大事件进行实时处理，全面提升城市运行效率和为市民服务的能力。大数据在这次新冠肺炎疫情防控和复工复产过程中发挥了极其重要的作用。中国联通、中国电信、中国移动发挥全网数据集中的优势，开展人口流动大数据分析和画像，为政府提供疫情分析数据，支撑政府决策和风险预警。利用大数据技术，分析辖区内的疫情扩散情况，通过"电力大数据 + 社区网格化"算法，精准判断区域内人员日流动量和分布。健康宝等移动互联网应用实现了对个体位置的收集，在后台汇聚形成人流分布与轨迹大数据，为防控疫情过程中快速锁定风险区域与接触人群提供了非常重要的技术实现，为安全生产、复工复学提供了科技保障。

（2）数据驱动让城市治理做到用数据说话　在现代城市治理中，要善于获取数据、分析数据、运用数据，要懂得大数据，用好大数据，增强利用数据推进各项工作的本领，不断提高对大数据发展规律的把握能力，使大数据在各项工作中发挥出更大作用。以"数据 ＋ 算力 ＋ 算法（模型）"为核心的城市大脑，通过建立采（数据采集存储）、传（网络传输）、算（算法）、管（数据安全和数据质量保障）、用（统计分析、监管监控和预测预警）的科学机制，实现跨部门、跨层级、跨地域、跨系统和跨业务间数据互联互通，形成统一的城市治理数据资源体系，用大数据技术提升城市治理资源配置优化能力，用算法跑赢时间，形成数据驱动型城市精准治理决策平台。

（3）数据驱动让城市治理实现用数据决策　智慧城市是信息系统的大综合、大集成、大协同。大综合是指智慧城市在结构上，是基础设施、信息资源、应用服务、安全体系、体制机制和标准规范的大综合；在领域上，是经济、社会、文化、政治和生态等领域的综合。大集成是指各领域信息系统不是简单堆积，而是采用科学的系统集成方法，实现同构、异构系统的有机衔接，互联互通。大协同是指各个系统之间可协同作业，高效处理各类事务。同时，各类系统具有可扩展性、开放性，也是可发展升级的。智慧城市是数字城市的升级形态，是在对城市大数据统计、分析、可视化的基础上进一步深入挖掘、关联、预测，是基于理论模型和真实城市大数据的强化学习与仿真模拟过程，因此将成为城市管理者制定行业管理和优化部署策略的重要参考依据。

6.1.2　统筹布局

城市规划是各级政府统筹安排城乡发展建设空间布局，保护生态和自然环境，合理利用自然资源，维护社会公正和公平的重要依据。城市建设和管理的基本依据，是一项全局性、综合性、战略性的工作，涉及政治、经济、文化和社会生活等各个领域。人工智能、数字孪生技术的快速发展为新时期智慧城市的城市规划引入了新的方法和技术手段，带来了全新的机遇与挑战。未来智慧城市的规划需充分依托智慧技术和智慧理念开展，借助信息技术（如物联网、传感器等）及其强大的分析手段（云计算、GIS 等），利用信息技术协调解决城市发展建设中各种矛盾和问题，使得规划建立在全面科学的分析基础上；同时，将智慧城市的理念贯穿于规划之中，实现城市的生态可持续和以人为本的全面健康发展。智慧城市统筹布局是一个完整的规划体系，智慧技术贯穿于城市规划的全过程，其框架如图 6–1 所示。在城市规划编制阶段，城市用地布局生态可持续，区域协调一体化发展，用地"整体分散、优势集中"，城市综合交通更加畅通智能，道路系统科学合理、等级分明、畅通安全，公共服务设施按需分配，资源高效配置，动态的环境监测系统保障城市生态环境质量；在城市规划实施阶段，借助智慧管理平台构建，实现对用地、工程项目的动态监测监督，提高规划实施管理的效率和水平。

智慧城市建设的统筹规划需要重点考虑以下几个方面：

（1）生态资源环境的保护　智慧城市下的城市区域应贯彻"生态优先"的可持续发展理念，对区域内的生态格局、自然景观进行生态空间协调；对区域内的农田、河湖水域、山体等生态资源和自然景观进行保护。在此基础上，结合先进的无线传感网与 5G 通信网络对城市环境进行动态实时监测，有针对性地对城市污染型工业进行布局和梳理，有利于城市生态功能区和环境功能区的划定，确保城市与自然环境和谐共存。

（2）产业的合理布局　智慧技术的运用为产业的合理布局提供了有效的保障措施。结合对产业发展数据的"云计算"分析，可以客观科学地确定各乡镇、村的特色产业及经济定位。从区域协调的角度出发，因地制宜地确定各自的产业定位和发展战略。

（3）设施的高效配置　伴随着我国快速的城镇化进程，区域重大基础设施种类、等级、规模、数量和类型等的需求都会相应增加，信息技术的发展为设施在区域的配置提供了技术手段支持。通过物联网技术，城市数据中心汇聚了基础设施位置分布、使用频度、区域人群密度等数据，通过对这些数据的分析，可以实现对基础设施资源利用率的有效评估，从而科学合理地评估基础设施需求，进行设施选址研究、环境影响评价等，对区域基础设施进行系统高效的配置，从而

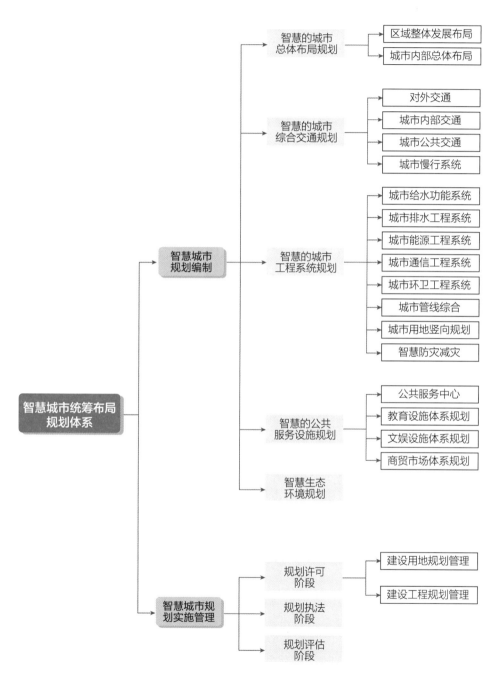

图 6 - 1　智慧城市统筹布局规划体系框架

有效降低城市基础设施建设成本投入，最大化资源效用。

（4）土地的集约利用　通过智慧城市的信息化设施，结合城市的发展需求，在生态优先的基础上，合理选择城市建设用地，避免城市的无序扩张，提升土地的利用率。在智慧区域整体发展布局和智慧的建设用地选择基础上，将智慧技术应用于城市用地布局的全过程，借助信息技术，对城市空间布局现状进行量化分析，并依托智慧模拟系统提出旧城区空间布局和新城区扩展建设策略，以提升城市活力，形成紧凑集约、生态宜居、多样丰富的城市总体布局。

（5）交通的畅通无阻　交通是区域经济社会发展的根本保障，依托信息流的便利性和深入的智能化设施，基于交通需求分析、交通选线研究和交通工具的衔接组合，构建"衔接有序、高效畅达、绿色和谐"的现代化城市交通体系，增强区域的可达性，解决当前区域交通线路不通、等级不明等问题。

6.1.3　数字孪生城市

1. 数字孪生城市的概念

数字孪生是指通过将物理世界的人、物、事件等所有要素数字化，在网络空间中再造一个与之对应的"虚拟世界"，形成物理维度上的实体世界和信息维度上的数字世界同生共存、虚实交融的格局。数字孪生城市＝数据＋算力＋城市信息模型。城市信息模型（City Information Modeling，CIM）是以城市信息数据为基础，建立起三维城市空间模型和城市信息的有机综合体。在平台侧，数字孪生通过构建可视、可控、可管的社区一体化平台，虚实融合、智能监控，实现数据的汇集、整合和分析；在终端侧，数字孪生实现城市精准映射，实时监控城市运行状态。

数字孪生城市作为一个新的概念，对当前城市治理存在的困局势必会带来一些新的破解思路。利用城市信息模型和叠加在模型上的多元数据集合，打造精准、动态、可视化的数字孪生城市大脑，通过智能分析、模拟仿真，洞悉人类不易发现的城市复杂运行规律、城市问题内在关联、自组织隐性秩序和影响机理，制定全局最优策略，解决城市各类顽疾，形成全局统一调度与协同治理模式。借助智能大屏、城市仪表盘、领导驾驶舱、数字沙盘和立体投影等形式，可全方位展示城市各领域综合运行态势，并根据不同主题分级分类呈现，帮助城市决策者、管理者、普通用户从不同角度观察和体验城市发展现状，分析趋势规律。

2. 数字孪生城市的核心问题

基于数字孪生的智慧城市，要解决以下五大科学问题：

（1）物理实体维度方面　如何实现城市多源异构物理实体的智能感知与互联互通，实时获取物理实体对象多维度数据，从而深入认识和发掘相关规律和现象，实现物理实体的可靠控制与精准执行？

（2）虚拟模型维度方面　如何构建城市动态多维多时空尺度高保真模型，保证和验证模型与物理实体的一致性、真实性、有效性和可靠性，实现多源、多学科、多维模型的组装与集成等？

（3）孪生数据维度方面　如何实现城市海量大数据和异常小数据的变频采集，实现全流程多源异构数据的高效传输，实现信息物理数据的深度融合与综合处理，实现孪生数据与物理实体、虚拟模型、服务的精准映射与实时交互？

（4）连接与交互维度方面　如何通过城市智慧大脑实现城市跨平台的实时交互，实现数据 – 模型 – 应用的迭代交互、动态演化与实时反馈等？

（5）服务维度方面　如何基于多维模型和孪生数据，提供满足不同领域、不同层次用户、不同业务应用需求的服务？

3. 数字孪生城市的实践

数字孪生城市的构想已经在很多城市得到应用和实践。在 2017 年，临港就启动了"智慧临港 BIM + GIS 城市大数据平台"的建设。该平台也是首个城市级地理建筑设施融合的数据平台，覆盖整个临港 315km² 城市空间，它原样复制城市的建筑地理构造，既包含道路、建筑等重要设施的高度、坐标等地理数据，也包含管委会、滴水湖地铁站等重要建筑的内部结构、房间布局、管线铺设等对象化设施数据，能够实时感知城市人口热力图、实时交通车流、停车库状态、视频实时监控等城市运行态势，也可以通过无人机采集回传到中心的数据进行图像自动识别分析，智能发现与识别垃圾倾倒、违章建筑、高密人（车）流等异常问题，并对未来发展进行推演和预测。

上海是世界上拥有幕墙建筑最多的城市之一，从 2019 年起推进玻璃幕墙"一楼一档"信息入网，实现 1.3 万座幕墙建筑的在线实时监控。不仅如此，还有路灯、消防栓等 1495 万个城市部件、2.68 万 km 地下管线、5000 多个建筑工地、1.4 万多个住宅小区和 3000 多处历史保护建筑等大量城市基础设施对应的海量数据，都被连接"在线"。为运用前沿技术推动城市管理手段、模式、理念创新，2020 年 4 月，上海提出"探索建设数字孪生城市，数字化模拟城市全要素生态资源"的新要求。在政务服务上实现"一网通办"，在城市运行上实现"一网统管"。城市管理从数字化"到"智能化"再到"智慧化"；"一网通办"带动了政务服务改进、推动了营商环境优化；"一网统管"则促进了城市管理精细化，保障了城市安全有序运行，织密"虚实"两张"能源互联网"，就为城市功能"命脉"上了"双保险"，同时也为上海数字孪生城市建设提供了先行先试的宝贵经验。

2020 年 5 月，位于浦东的花木街道与上海市测绘院签约，启动了"数字孪生城市"建设项目，一座虚拟世界里的花木街道就此诞生。新冠肺炎疫情期间，花木街道基层一线开展了大量数据摸排和筛查工作，为了有效运用这些来之不易的数据，该街道推出了一个覆盖全街道市民的信息系统。该系统落实到基层最小的单元"户"和"人"，形成"一街道一图"、"一小区一图"、"一楼一图"、"一房一图"，每个层面的数据管理和维护权限开放给相应的社工，寓数据的更新维护于使用中。这一系统不仅在疫情防控工作中可以发挥作用，日后还能在人口管理、基层党建、志愿者工作、社区养老和物业管理等多方面提供支持。

4. 数据产权立法

我国对数字经济的重视程度正在不断提升，数据和其他生产要素一样，已经逐步渗透在整个实体经济运行的过程中，数字经济成为推动我国经济发展的新兴力量。在数字化时代，数据是像"石油"一样取自自然界的生产资料。未来智慧城市生态中，在大数据、云计算、移动互联以及社交网络等新技术的基础上，社会、企业、个人复合互动过程将产生大量数据，信息得以实现高度共享与快速传播，而参与智慧城市建设的各方力量，包括企业、政府、个人和组织都将不同程度接触和使用城市大数据中的部分数据，如何规范数据管理、隐私保护和各方对数据的使用，迫切需要相应法律法规的制定。

现阶段，数字产业的发展已经远远走在了规则制度的前面，数据产权和隐私保护的问题已经凸显。把"数据"作为一种要素的话，那必然要把它定义成一种产权关系。由于产权的缺失，企业或个人不当使用个人隐私数据，会直接侵害个人权益，甚至在发达的社会媒体网络的发酵下往往导致不可预料的严重后果。因此，如果数据管理和保护措施不当，产权不清，可能使得企业或个人排斥数据共享，那么数据作为一种要素的流动性就得不到保障，作为智慧城市的数据源头被阻塞，那么智慧城市的未来也将蒙上阴影。

5. 网络安全治理

随着 5G 基础设施的建设和无线传感网的不断部署，智慧城市的信息通信网络逐渐得到完善并在智慧城市工程建设中发挥重要作用，但在网络建设的信息资源管理中，网络空间安全问题逐渐成为人们关注的重点。现阶段我国的智慧城市网络安全治理还存在很多的漏洞和问题，例如信息泄露、网络攻击等。

在智慧城市治理中，信息的共享与使用存在诸多安全隐患，所面临的非传统安全形势极其严峻，亟待解决的非传统安全问题主要体现在五个方面。

1）在智慧城市治理中，共享与使用的海量数据一般都涉及国家绝密数据、国家机密数据和国家秘密数据，一旦这些数据遭到泄露或篡改，将严重威胁国家总体安全。

2）在智慧城市治理中，信息共享与使用的关键基础设施和各类信息系统已经成为网络恐怖分子和黑客攻击的"命门"，随时可能引爆一系列的非传统安全问题，直接威胁执政安全。

3）在智慧城市治理中，信息共享与使用所涉及的个人隐私数据是各类不法分子觊觎的对象，一旦泄露极易引发社会的集体恐慌，从而衍生出群体性事件。

4）在智慧城市治理中，信息的共享与使用涉及庞杂的主体，存在复杂的信任问题和授权问题，国家非传统安全的保障体系非常脆弱。

5）在智慧城市治理中，治理能力、信息共享机制和应用系统建设自身的不完善，也是诱发非传统安全问题的重要风险源。

因此，针对大部分智慧城市建设中重功能、轻安全的问题，有学者提出智慧城市安全治理应遵从三个原则、三个思路，即在智慧城市建设中，首先需摒弃安全和业务分家，业务优先建设等旧观念，而应坚持同步、监管，可控三大原则：

1）同步原则。信息安全措施必须同步规划、同步建设、同步运行。

2）监管原则。参建企业必须做出安全承诺，接受安全监管，信息安全风险管理必须贯穿系统生命周期中。

3）可控原则。确保安全是智慧城市建设的基本原则。

应从三个方面，着力加强网络信息安全管理和能力建设：

1）强调严格全流程网络安全管理。

2）强调要害信息基础设施和信息资源安全防护。

3）强调安全责任和安全意识。

智慧城市网络安全治理工作的思路可以概括如下：

1）必备基础。法律法规、政策支撑，安全产业发展和标准化支撑。

2）必须审查。开展关键基础设施软硬件及服务网络安全审查，开展审查后的持续指导、监督和管理工作。

3）必要工作。参建企业的安全合规类工作，第三方机构的测试、评估类工作。

6.2　问题与挑战

我国智慧城市建设经过 10 多年的探索和发展，取得了很多积极的成效，但也仍然存在很多问题和挑战。新冠肺炎疫情的暴发成了对全球智慧城市建设成果的一大考验，也暴露出了我国智慧城市建设中的不少问题，集中体现在城市治理等领域。综合而言，我国智慧城市建设面临的问题和挑战可以总结为五个方面：新型智慧城市顶层设计亟待加强、城市数据融合和协调联动不足、新型智慧城市共建生态尚未形成、规划与实施缺乏连贯性、安全问题未得到足够重视等。

1. 新型智慧城市顶层设计亟待加强

智慧城市是一个要素复杂、应用多样、相互作用、不断演化的综合性复杂大系统，要进行整体规划设计。虽然地方对新型智慧城市建设有足够的自主权和能动性，也取得了一定的实践经验与成效，但是国家、省级等层面亟须强化一体化设计，引导城市因地制宜做好规划衔接，避免不科学、盲目谋划而造成资源浪费。要按照系统科学方法论，进一步建立和完善适应我国新型智慧城市"三融五跨"（技术融合、业务融合、数据融合，跨层级、跨地域、跨系统、跨部门、跨业务）发展目标的智慧城市顶层设计方法论，解决智慧城市各层级、各系统之间的技术融合、业务融合、数据融合问题，重点解决各系统之间的衔接配合与关联约束关系，用系统、科学的方法指导智慧城市的复杂大系统规划设计，提高顶层设计的科学性、规范性和可操作性。在法律法规上，目前数据资源的所有权、管理权、使用权和定价机制等没有明确规定，部门政务数据的权责利益边界模糊，制约了数据资源的流动、共享和开放。同时，随着数字经济新技术、新应用、新场景、新业态的发展，跨层级、跨地域、跨系统、跨部门、跨业务的数据共享需求与日俱增，亟待制定统一的规则框架，完善涵盖技术、管理、监督和安全等方面的标准体系。

2. 城市数据融合和协调联动不足

地方城市结合新型智慧城市建设，在公共管理和服务的线上化方面做了很多工作，但协调联动不足的问题仍普遍存在。一方面，机制不健全、技术标准和路径不统一、管理边界不明确等，使得线上与线下管理存在"衔接缝隙"，产生服务真空区，例如线上领取验证码但线下仍要排队的现象。另一方面，由于部门数据、行业数据等城市数据融合不足问题，导致协同治理能力难以提升。例如，在新冠肺炎疫情防控中，突出表现在一些城市医疗资源、防疫物资、企业产能数据严重缺失，需要靠企业和主管部门通过台账等传统手段临时报数，缺乏统一的数据平台支撑，疫情不清、信息僵化、重复采集、连接用户少和应用较孤立等问题突出，无法支撑防疫指挥机关进行有效调配，疫情发生后一度形成了群众就诊拥挤、物资调配混乱等情况。受制于不同区域智慧城市业务系统的分割和隔离，跨地域业务协同不够，导致无法及时掌握和预警某些重点监控人员的跨区域流动信息，给全国范围的疫情防控带来不利影响。

3. 新型智慧城市共建生态尚未形成

新型智慧城市建设与发展是一项政府引导、全民参与、政企合作、多方共建的系统工程，发挥市场配置资源决定性作用，鼓励社会多元参与成为新型智慧城市可持续发展的关键。目前，还存在以下问题亟待解决：一是社会资本参与智慧城市建设不足。从 2019 年新型智慧城市评价结果看，我国有 1/3 的城市还未引进任何第三方机构开展智慧城市运营管理；二是智慧城市领域公私合作制（Public-Private Partnership，PPP）模式还不成熟。智慧城市建设项目往往缺少明确的收益时间、收益标准和验收标准，企业的收益存在不明确性，风险较大，积极性不高。

4. 规划与实施缺乏连贯性

我国许多城市的"智慧城市"建设规划远比 IBM 最初提出的"智慧城市"内涵要宽泛，是一种可持续理念下的全面规划。但由于缺乏对智慧城市的理论研究，使得各地的智慧城市千篇一律，更多的地方政府把智慧城市建设归到了城市信息化推进工作中，而且对智慧城市工程项目的建设实施简单粗放，往往是企业成为方案研究的主体，而政府成为企业解决方案的买家，参与较少，建设方案缺乏顶层设计、统筹协调和严格的评估，往往不能够体现智慧城市长期、可持续发展和便民利市的需求，偏离智慧城市建设的初心。

5. 安全问题未得到足够重视

在智慧城市建设过程中，一方面，由于大量应用到 5G 通信、物联网、云计算等技术，许多系统之间都会产生紧密的联系，在智慧城市建设规划设计中就考虑相关的信息网络安全问题和系统风险是非常重要的；另一方面，智慧城市涵盖生产、生活、市政管理各方面，采集和汇聚的数据涉及企业经营、个人身份/健康/行为习惯、城市运行状态等大量敏感数据，对城市大数据的规范化管理和利用是智慧城市顶层设计需要考虑的重要一环。但是，很多地方的智慧城市建设方案往往只关注智能化项目实施和功能实现，而没有对信息网络和数据内容的安全保护给予足够的重视，这可能会给智能城市系统带来重大隐患。

6.3　标准体系构建与完善

标准规范在智慧城市规划设计、建设实施及运营评估等环节有着举足轻重的作用，推进智慧城市建设，应加快形成目标明确、全面成套、层次适当、划分清楚的标准体系，研究制定科学合理、规范使用的标准，并加强标准的实施应用，进而充分发挥标准化的技术支撑与发展引领作用，促进智慧城市规范、有序、可持续、高质量发展。为了推进智慧城市相关产业的快速、健康发展，必须有统一的技术和接口标准。智慧城市不仅涉及一些基础性的关键技术而且涵盖多种垂直应用，因此，智慧城市的标准体系中应包含技术基础标准和应用标准两个部分，完整的标准体系见表6－1。

表6－1　智慧城市标准体系

| 技术基础标准体系 | | | | | | 应用标准体系 |
通用规范	感知层	通信层	数据层	接口	测试规范	行业标准
术语	传感器接口标准	参考和引用通信行业相关国际、国家标准	云计算标准	中间件接口	一致性测试	交通行业标准
总体框架	组网标准		信息描述标准	数据接口	互操作测试	电力行业标准
需求分析	接入标准		信息存储标准	通信接口	系统测试	医疗行业标准
……	统一标识		云安全标准	用户接口	……	物流行业标准
	感知层安全标准		……	……		……
	……					

　　我国智慧城市标准化工作由国家智慧城市标准化协调推进组、总体组和专家组统筹协调开展，据不完全统计，我国已发布智慧城市领域国家标准 29 项，其中涵盖了智慧城市技术参考模型、智慧城市评价模型和评价指标、顶层设计、安全相关标准，以及相关垂直应用行业标准等，见表 6 – 2。在研标准 20 项，以诸多垂直行业应用标准为主，也包括对已发布标准的修订、跨平台数据交互标准和数据融合标准，见表 6 – 3。相对于我国目前如火如荼的智慧城市建设进程，标准化步伐还比较滞后，加速标准研究，完善"智慧城市标准体系"建设是智慧城市建设迫在眉睫的重要工作，需要政、产、学、研、用多方力量共同参与，协同推进。

表 6 – 2　智慧城市相关已发布国家标准

序号	标准号	标准题目	归口单位
1	GB/T 33356—2016	新型智慧城市评价指标	全国信息技术标准化技术委员会
2	GB/T 34678—2017	智慧城市 技术参考模型	全国信息技术标准化技术委员会
3	GB/T 34680.1—2017	智慧城市评价模型及基础评价指标体系 第1部分：总体框架及分项评价指标制定的要求	全国信息技术标准化技术委员会
4	GB/T 34680.3—2017	智慧城市评价模型及基础评价指标体系 第3部分：信息资源	全国信息技术标准化技术委员会
5	GB/T 34679—2017	智慧矿山信息系统通用技术规范	全国信息技术标准化技术委员会
6	GB/T 35776—2017	智慧城市时空信息基础设施 基本规定	国家测绘地理信息局
7	GB/T 35775—2017	智慧城市时空信息基础设施 评价指标体系	国家测绘地理信息局
8	GB/T 37976—2017	物联网 智慧酒店应用 平台接口通用技术要求	全国信息技术标准化技术委员会

（续）

序号	标准号	标准题目	归口单位
9	GB/T 34680.4—2018	智慧城市评价模型及基础评价指标体系 第4部分：建设管理	全国智能建筑及居住区数字化标准化技术委员会
10	GB/T 36332—2018	智慧城市 领域知识模型 核心概念模型	全国信息技术标准化技术委员会
11	GB/T 36333—2018	智慧城市 顶层设计指南	全国信息技术标准化技术委员会
12	GB/T 36334—2018	智慧城市 软件服务预算管理规范	全国信息技术标准化技术委员会
13	GB/T 36445—2018	智慧城市 SOA 标准应用指南	全国信息技术标准化技术委员会
14	GB/T 36622.1—2018	智慧城市 公共信息与服务支撑平台 第1部分：总体要求	全国信息技术标准化技术委员会
15	GB/T 36622.2—2018	智慧城市 公共信息与服务支撑平台 第2部分：目录管理与服务要求	全国信息技术标准化技术委员会
16	GB/T 36622.3—2018	智慧城市 公共信息与服务支撑平台 第3部分：测试要求	全国信息技术标准化技术委员会
17	GB/T 36625.1—2018	智慧城市 数据融合 第1部分：概念模型	全国信息技术标准化技术委员会
18	GB/T 36625.2—2018	智慧城市 数据融合 第2部分：数据编码规范	全国信息技术标准化技术委员会
19	GB/T 36621—2018	智慧城市 信息技术运营指南	全国信息技术标准化技术委员会
20	GB/T 36620—2018	面向智慧城市的物联网技术应用指南	全国信息技术标准化技术委员会
21	GB/T 37043—2018	智慧城市 术语	全国信息技术标准化技术委员会

（续）

序号	标准号	标准题目	归口单位
22	GB/T 36342—2018	智慧校园总体框架	全国信息技术标准化技术委员会
23	GB/T 36625.5—2019	智慧城市 数据融合 第5部分：市政基础设施数据元素	全国信息技术标准化技术委员会
24	GB/T 37971—2019	信息安全技术 智慧城市安全体系框架	全国信息安全标准化技术委员会
25	GB/T 38237—2019	智慧城市 建筑及居住区综合服务平台通用技术要求	全国智能建筑及居住区数字化标准化技术委员会
26	GB/Z 38649—2020	信息安全技术 智慧城市建设信息安全保障指南	全国信息安全标准化技术委员会
27	GB/T 39465—2020	城市智慧卡互联互通 充值数据接口	全国智能建筑及居住区数字化标准化技术委员会
28	GB/T 39218—2020	智慧化工园区建设指南	全国危险化学品管理标准化技术委员会
29	GB/T 39031—2020	城市公共设施服务 智能路灯基础信息	全国城市公共设施服务标准化技术委员会

表6-3　智慧城市在研国家标准

序号	立项号	标准题目	归口单位
1	20181813-T-469	智慧城市 设备联接管理与服务平台技术要求	全国信息技术标准化技术委员会
2	20194200-T-469	智慧城市 评价模型基础评价指标体系 第5部分：交通	全国信息技术标准化技术委员会
3	20194205-T-469	《新型智慧城市评价指标》修订	全国信息技术标准化技术委员会

（续）

序号	立项号	标准题目	归口单位
4	20130121-T-339	智慧城市评价模型及基础评价指标体系 第 2 部分：信息基础设施	中国通信标准化协会
5	20152345-T-339	智慧城市 数据融合 第 3 部分：数据采集规范	中国通信标准化协会
6	20152346-T-339	智慧城市 数据融合 第 4 部分：开放共享要求	中国通信标准化协会
7	20152351-T-339	智慧城市 城市运营中心 第 1 部分：指挥中心建设框架及要求	中国通信标准化协会
8	20152351-T-339	智慧城市 跨系统信息交互 第 1 部分：总体框架	中国通信标准化协会
9	20152348-T-339	智慧城市 跨系统信息交互 第 2 部分：技术要求及测试规范	中国通信标准化协会
10	20152347-T-339	智慧城市 跨系统信息交互 第 3 部分：接口协议及测试规范	中国通信标准化协会
11	20180987-T-469	智慧城市 建筑及居住区 第 1 部分：智慧社区建设规范	全国智能建筑及居住区数字化标准化技术委员会
12	20161920-T-469	智慧城市 智慧医疗 第 1 部分：框架及总体要求	卫生健康委
13	20152350-T-339	智慧城市 智慧医疗 第 2 部分：移动健康	中国通信标准化协会
14	20204080-T-469	城市和社区可持续发展 建立可持续的智慧城市运行模型	全国城市可持续发展标准化技术委员会
15	20202576-T-469	智慧城市 智慧停车总体要求	全国信息技术标准化技术委员会
16	20201707-T-469	智慧城市 智慧多功能杆 服务功能与运行管理规范	全国城市公共设施服务标准化技术委员会
17	20180987-T-469	智慧城市 建筑及居住区 第 1 部分：智慧社区建设规范	全国智能建筑及居住区数字化标准化技术委员会

（续）

序号	立项号	标准题目	归口单位
18	20150021-T-339	公众电信网增强 智慧城市管理系统总体技术要求	全国通信标准化技术委员会
19	20204962-T-469	智慧物流服务指南	全国物流标准化技术委员会
20	20150020-T-339	泛在物联应用 智慧油田总体技术要求	全国通信标准化技术委员会

6.4 政策设计

从当前智慧城市发展实际来看，不同城市对智慧城市的认知并不一致，不同部门、不同地区对智慧城市建设所包含的内容的理解往往有所差别。因此，应从国家层面对智慧城市出台总体规划，统一思想，对地方智慧城市的实施方式给出指导方针，全国一盘棋，避免地方各行其是、各自为战，形成信息孤岛，造成重复投资。

针对智慧城市建设的政策制定，相关学者研究提出了五点建议：

（1）强化智慧城市顶层设计

1）建议尽快出台国家层面的新型智慧城市总体规划或建设指导意见，阐明我国新型智慧城市的推进思路、发展目标、重点任务和保障措施等，为今后一段时间里我国新型智慧城市建设发展指明方向、描绘蓝图，并提供更加具有操作性的建设指导。

2）进一步加强国家和省市县各层面的体制机制建设，搭建上下联动、横向畅通的智慧城市组织推进机制，各地建设跨部门协调机构，协同推进新型智慧城市相关工作。

3）强化评价监测引导。在现有新型智慧城市评价工作基础上，进一步扩展指标的适用范围，深化指标体系的科学性和实效性，全面系统地掌握我国各地域、各层面新型智慧城市建设发展情况，为中央和地方决策提供有价值的参考。

（2）完善新型数字基础设施

1）推动信息网络逐步向人与人、人与物、物与物共享的泛在网方向演进，促进信息网络智能化、泛在化和服务化，促进通信移动化和移动通信宽带化，推动实现随时随地接入和使用计算、软件、数据、连接资源。推动下一代网络技术不断演进，促进高速宽带无线通信全覆盖。

2）加快推进基础设施的智能化，大力发展智慧管网、智慧水务，推动智慧灯杆、智慧井盖等应用，促进市政设施智慧化，加速建立城市部件物联网感知体系，提高城市数字化水平。

（3）推进公共服务公平普惠

1）充分利用互联网、云计算、大数据和人工智能等新一代信息技术，建立跨部门跨地区业务协同、共建共享的公共服务信息体系，探索创新发展教育、就业、社保、养老、医疗和文化的服务模式，提供便捷化、一体化、主动化的公共服务。

2）从社会发展全局出发加强顶层设计，构建以东促西、以城带乡、以强扶弱的新格局，为解决发展不平衡问题提供契机和动力。缩小城乡数字鸿沟，鼓励农村贫困地区利用信息技术补齐发展短板；缩小不同人群数字鸿沟，鼓励相关企业积极投入信息无障碍产业链，补齐服务缺失短板。

（4）深化城市数据融合应用

1）着力推进城市数据汇聚，构建高效智能的城市中枢和透明政府。推动各级政府开展以数据为核心的城市大脑建设，实现城市各类数据集中融合汇聚和综合智能分析，建立健全数据辅助决策的机制，推动形成"用数据说话、用数据决策、用数据管理、用数据创新"的政府决策新方式，同时提高政府对风险因素的感知、预测、防范能力。

2）完善社会信用体系建设，并加快推动政务数据上链，构建"可信中国"，让所有政务数据可追溯、不可篡改，提高政府公信力，打造民众叮信赖的透明政府。

（5）优化新型智慧城市生态

1）通过政府引导，鼓励政企合作、多方参与，创新智慧城市建设运营模式，实现智慧城市建设项目的可持续健康运营，着力提高民众体验的满意度。同时，通过体制机制创新，形成数据治理、数据开发的数据安全利用机制，释放城市数据要素活力。

2）发展新型智慧城市群。面向数据跨地域协同的实际需求，结合我国城市群发展和城乡一体化发展的战略规划，率先推动在长三角、粤港澳大湾区等区域建设特色鲜明的智慧城市群，实现邻近区域的数据打通和业务协同，促进城乡数据公共服务的均等普惠，将若干中心城市的先进治理能力扩展到整个区域，实现大区域范围内的综合治理和应急处置能力整体提升。

3）推动国际交流合作。推动我国新型智慧城市产品和理念在国外的推广实施，积极培育当地的数字经济市场，在国际舞台上积极推广我国新型智慧城市建设成效，提升我国相关产业的全球竞争力。

附　录

5G 移动通信基站
电磁辐射环境监测方法（试行）

1 适用范围

本标准规定了工作频率小于 6GHz 的 5G 移动通信基站电磁辐射环境监测的内容、方法等技术要求。

本标准适用于 5G 移动通信基站电磁辐射环境监测。对同一站址存在 5G 及其他网络制式的移动通信基站，电磁辐射环境监测按照本标准规定执行。

2 术语和定义

下列术语和定义适用于本标准。

2.1 基站 base station

在陆地移动业务中的陆地台，为一个小区或同站址的多个小区服务的无线收发信设备。基站通过无线接口提供与终端之间的无线信道。

2.2 5G 终端设备 5G user equipment

承载 5G 移动通信业务的终端设备。

2.3 电磁辐射环境敏感目标 electromagnetic radiation environment-sensitive target

电磁辐射环境影响评价与监测需重点关注的对象，包括住宅、学校、医院、办公楼、工厂等有公众居住、工作或学习的建筑物。

2.4 应用场景 application scenario

5G 移动通信应用场景包括：增强型移动宽带（eMBB）、超高可靠与低时延通信（uRLLC）、大规模机器类通信（mMTC），如数据传输、视频交互、游戏娱乐、虚拟购物、智慧医疗、工业应用和车联网等场景。

3 监测条件

3.1 环境条件

监测时的环境条件应符合监测仪器的使用要求。

3.2 监测仪器

3.2.1 基本要求

监测仪器的工作性能应满足待测电磁场要求，监测仪器的检波方式为方均根检波方式，监测仪器的读数为任意连续 6min 内的平均值。

监测时，应使用选频式电磁辐射监测仪，监测频率选取被测移动通信基站发射天线工作状态时的下行频段。

对同一站址存在 5G 及其他网络制式的移动通信基站开展电磁辐射环境监测时，使用选频式电磁辐射监测仪的列表模式，取得 5G 和及其他网络制式移动通信基站的电磁辐射场强数据。

监测时，监测仪器的探头（天线）如采用各向同性探头，应满足附表 1 中各向同性的指标要求；如果采用非各向同性探头，则应考虑天线方向性的影响，并在结果处理时合成天线因子等参数，监测时必须调节探测方向，直至测到最大场强值；监测仪器支架应使用不易受潮的非导电材质支架。

3.2.2 选频式电磁辐射监测仪电性能基本要求

选频式电磁辐射监测仪是指能够对仪器响应频率范围内某一特定发射的频谱分量进行接收和处理的场量监测仪器，其电性能基本要求见附表 1。

附表1　选频式电磁辐射监测仪电性能基本要求

项目	指标
频率响应	900MHz～3GHz，≤±1.5dB
	<900MHz，或>3GHz，≤±3dB
动态范围	>60dB
探头检出限	探头的下检出限≤7×10^{-6}W/m² （0.05V/m） 且上检出限≥25 W/m² （100V/m）
线性度	≤±1.5dB
频率误差	<被测频率的10^{-3}数量级
各向同性	<900MHz，各向同性<2dB 900MHz～3GHz，各向同性<3dB >3GHz，各向同性<5dB

4　监测方法

4.1　资料收集

开展监测工作前，应收集被测5G移动通信基站的基本信息，包括：基站名称、运营单位、建设地点、发射频率范围、天线支架类型、天线数量、运行状态和天线离地高度等。

根据监测性质和目的，还可收集其他信息，包括：经纬度坐标、发射机型号、标称功率、实际发射功率、天线增益、平均负载、天线下倾角（机械下倾角＋电子下倾角）、天线波瓣宽度（水平宽度、垂直宽度）和天线方向图等参数。

对同一站址存在其他网络制式的移动通信基站也应收集同样基本信息。

4.2　监测因子

移动通信基站电磁辐射环境的监测因子为射频电磁场，监测参数为功率密度。

4.3　监测布点

监测点位应布设在移动通信基站天线覆盖范围内的电磁辐射环境敏感目标

处，并优先布设在公众居住、工作或学习距离天线最近处，但不宜布设在需借助工具（如梯子）或采取特殊方式（如攀爬）到达的位置。

建筑物内监测时，监测点位可布设在朝向基站天线的窗口（阳台）位置，监测仪器探头（天线）尖端应在窗框（阳台）界面以内，也可布设室内其他位置。监测仪器探头（天线）与家用电器等设备之间距离不少于1m。

4.4 监测高度

监测仪器探头（天线）距地面（或立足平面）1.7m。也可根据不同目的，选择监测高度，并在监测报告中注明。

4.5 监测工况及 5G 终端设备

监测时，被监测的移动通信基站应为正常工作状态，5G 终端设备应与被监测的 5G 移动通信基站建立连接并至少处于一种典型应用场景。

监测时，监测仪器探头（天线）置于监测仪器支架上，探头（天线）尖端与操作人员躯干之间距离不少于0.5m，并与 5G 终端设备保持在 1~3m 范围内；避免或尽量减少周边偶发的其他电磁辐射源的干扰及监测仪器支架泄漏电流等影响。

4.6 监测读数

每个监测点每次监测时间不少于6min，读取监测仪器的平均值。

4.7 记录

4.7.1 基站信息的记录

记录4.1节中收集的相关信息。

4.7.2 监测条件的记录

记录环境温度、相对湿度和天气状况。

记录监测日期、监测起止时间、监测人员、监测频率范围、监测仪器及探头（天线）型号和编号，监测仪器及探头（天线）校准/检定证书（报告）编号。

记录监测时的应用场景，5G 终端设备型号、数量、应用场景等。

4.7.3　监测信息及结果的记录

记录现场监测点位示意图，标注5G移动通信基站天线、监测点位和其他已知的电磁辐射源位置。

记录监测点位名称（或经纬度）、监测点位与5G移动通信基站发射天线的垂直距离和与水平距离和监测数据。

监测时保留频谱分布图。

现场监测记录内容与格式参见5G移动通信基站电磁辐射环境监测记录和报告格式。

5　质量保证

监测机构应当具备与所从事的电磁辐射环境监测业务相适应的能力和条件。

监测点位的选取应具有代表性，应符合4.3节的要求。

监测仪器（包括天线或探头）应定期检定或校准，并在其证书有效期内使用。

每次监测前后均应检查仪器，确保仪器在正常工作状态。

监测人员应经业务培训，现场监测工作应不少于2名监测人员才能进行。

监测时应排除干扰因素，包括人为干扰因素和环境干扰因素。

监测中异常数据的取舍以及监测结果的数据处理应按统计学原则处理。

任何存档或上报的监测结果应经过复审。

应建立完整的监测文件档案。

参 考 文 献

［1］《环境科学大辞典》编委会. 环境科学大辞典（修订版）［M］. 北京：中国环境科学出版社，2008.

［2］MAKIN J G, MOSES D A, CHANG E F. Machine translation of cortical activity to text with an encoder-decoder framework［J］. Nature Neuroscience, 2020, 23（4）：575－582.

［3］张飞舟，杨尔凯，张弛. 智慧城市及其解决方案［M］. 北京：电子工业出版社，2015.

［4］萧琉. 高度信息化社会将引领我国迈入转型发展新时代　2015 年中国信息化十大趋势［J］. 市场观察，2015（增刊1）：51－53.

［5］魏立斐，陈聪聪，张蕾，等. 机器学习的安全问题及隐私保护［J］. 计算机研究与发展，2020, 57（10）：2066－2085.

［6］姜奇平. 智慧城市联接数字政府与数字社会［J］. 互联网周刊，2020（23）：8

［7］Thomas Erl, ZAIGHAM MAHMOOD, RICARDO PUTTINI. 云计算：概念、技术与架构［M］. 龚奕利，贺莲，胡创，译. 北京：机械工业出版社，2014.

［8］王常玲，蔡庆宇. 5G 赋能智慧医疗［J］. 信息通信技术，2020, 14（5）：6－11, 24.

［9］朱立雷，许建涛，王鹏颖. 融合 5G 网络的智慧医疗应用［J］. 通信技术，2019, 52（9）：2184－2190.

［10］黄广建，常洪涛. 基于 5G 无线网络智慧医疗应用的发展［J］. 中国新通信，2019, 21（15）：111－112.

［11］盛煜，彭恒，冯毅. 基于 5G 移动网络的智慧医疗应用［J］. 邮电设计技术，2019（7）：1－5.

［12］王肖，王建强，李克强，等. 智能车辆 3－D 点云快速分割方法［J］. 清华大学学报（自然科学版），2014, 54（11）：1440－1446.

［13］王肖. 复杂环境下智能车辆动态目标三维感知方法研究［D］. 北京：清华大学，2016.

［14］王肖，李克强，王建强，等. 基于三维激光雷达的智能车辆目标参数辨识［J］. 汽车工程，2016, 38（9）：1146－1152.

［15］程梦瑶. 达索系统：数据驱动　助力城市复兴之路［J］. 软件和集成电路，2019（11）：62－63.

［16］杨春立. 构建数据驱动型城市精准治理模式［J］. 互联网经济，2020（增刊2）：52–56.

［17］李德仁. 数字孪生城市　智慧城市建设的新高度［J］. 中国勘察设计，2020（10）：13–14.

［18］管浩. 新型智慧城市的起点：数字孪生城市［J］. 华东科技，2020（11）：58–61.

［19］辛颖. 大数据立法迫在眉睫［J］. 法人，2016（3）：28–29.

［20］许长帅. 数据立法的两个基础问题［J］. 中国电信业，2020（8）：49–53.

［21］唐斯斯，张延强，单志广，等. 我国新型智慧城市发展现状、形势与政策建议［J］. 电子政务，2020（4）：70–80.

［22］姜辉. 智慧城市网络安全的治理措施［J］. 数码世界，2018（8）：224.

［23］黄广平，徐晓林，赵峰. 基于复杂网络的智慧城市非传统安全问题研究［J］. 电子政务，2018（7）：2–8.

［24］陈桂龙. 智慧城市网络安全的治理［J］. 中国建设信息化，2016（1）：10–12.